85F

Pierre, fils de rien

Collection *Écritures*

MERIDJEN Alain, *Un matelas par terre*, 1995.

DUVIGNAU Marie, *Vingt chroniques garlinoises plus une*, 1995.

RABINOVITCH Anne, *Comme si les hommes étaient partis en voyage*, 1995.AOUAD BASBOUS Thérèse, *Mon roman,* 1995.

HAGHIGHAT Chapour, *Le chant nocture des voyageurs,* 1995.

CLANCY Genviève, TANCELIN Philippe, *L'été insoumis, 1970-1984,* 1995.

LO NYOMBO Samba, Dakar Transgress, 1995.

FLAHAUT Daniel, *Une blouse blanche sous le boubou, ...en Afrique et à l'OMS,* 1995.

ZIANI Rabia, *Le secret de Marie,* 1995.

STARASELSKI Valère, *Le Hammam*, 1996.

DESHAIRES J.M., *L'Impromptu d'Alger*, 1996

GOURAIGE Guy, *Courage*, 1996.

GENOT Gérard, *La frontière des Beni Abdessalam*, 1996.

MUSNIK Georges, *Par-dessus mon épaule*, 1996.

BOCCARA Henri Michel, *Traversées*, 1996.

STARASELSKI Valère, *Dans la folie d'une colère très juste*, 1996.

ALATA J.-F., *Les Colonnes de feu*, 1996.

COISSARD Guy, *L'Héritier de Bissas Moïse Simba Kichwa Ngunuri*, 1996.

Bertrand DUBREUIL

Pierre, fils de rien

Editions L'Harmattan
5-7, rue de l'Ecole-Polytechnique
75005 Paris

L'Harmattan INC
55, rue Saint Jacques
Montréal-Québec
Canada H2Y 1K9

ISBN : 2-7384-4328-1

A ces deux-là,
Qui m'offrirent
Le bonheur de l'enfance
Et le goût de l'écrire.

PROLOGUE

Ses cheveux virent au châtain, avec encore des mèches blondes dans la nuque. De sa mère, il tient ce regard sombre et intense, mais sans ce dessin un peu relâché du visage, cette indolence du menton. Au contraire, dans son expression il y a une gravité tendue, qu'accentue le sérieux de l'enfance. Même assis, le corps reste cambré et le cou prolonge ce mouvement volontaire.

Lorsque sa mère traverse la pièce, sans oser le regarder, il lance une question:

- Quand est-ce qu'elle arrive?

Vivement, elle se retourne. Le tourbillon de sa robe dans ce rai de lumière! Il s'attache à cette vision fugitive.

- Tu es pressé de partir? réplique-t-elle avec une violence douloureuse dans la voix. Dévisageant un instant son enfant. Mais il ne lui offre en retour qu'un regard vide. Les images qui l'occupent sont intérieures. Celle de son petit frère Christophe qu'on est venu chercher hier, pour l'emmener dans une famille dont il ignore le nom. Celle de sa soeur Corinne, d'un an plus jeune que lui. Elle, restera à l'appartement. Pourquoi?

Au portemanteau de l'entrée, il y a encore l'écharpe de Jacques. Quelques semaines plus tôt, celui-ci les a quittés, sans qu'il sache si ce départ était définitif. Tant d'autres le précédaient, suivis de retour. Apaisés.

Et puis... il y a cet homme qui était venu une fois. Inconnu dont il ressent la nécessité. Parce qu'il plongeait son regard dans le sien. Parce que sa mère avait demandé: "C'est pour lui que tu viens?" Mais l'homme n'avait eu qu'un haussement d'épaule. Les derniers temps, sa mère recevait aussi une dame à l'appartement. Elles parlaient ensemble. Sa mère se montrait tour à tour hostile, confiante, soulagée. La femme, elle, restait souriante, attentive. La femme qui viendrait le chercher...

La sonnette déchire le silence. Geste incontrôlé, il se bouche les oreilles. Puis laisse retomber les mains lorsqu'elle pénètre dans la pièce. Sa mère l'accompagne.

- Il vous attendait... Dis bonjour à l'assistante sociale.

Il ne bouge pas. La femme esquisse un geste conciliant:

- Laissez-le. On aura le temps de parler dans la voiture.

Elles commencent à remplir des papiers. Lui s'est plongé dans un livre qui traînait sur la table. Une panique au coeur: cette famille qu'il ne connaît pas, les événements qui s'enchaînent comme dans ses cauchemars... Il n'est plus qu'une volonté tendue: retrouver ces élans de bonheur qui parfois soulevaient Jacques et sa mère, inattendus, brûlants, chaude tendresse ou gaieté légère.

Il y a ces phrases qui s'échangent à ses côtés, Corinne qui fredonne une comptine dans sa chambre, la main de sa mère qui tient le stylo. L'imprimé qu'elle remplit. Elle achève de sa signature et tend le formulaire de Recueil Temporaire à l'assistante sociale.

- Vous pourrez venir le voir chez les Taje dés la fin de la semaine.

- Je n'ai pas de voiture, répond sa mère.

- De la gare du Nord, il y a des trains directs pour Crépy.

Elle se tourne vers lui.
- On y va, Pierre.
Il descend de sa chaise et lui donne la main. Pierre Mallard. Cinq ans. 13 janvier 19..

CHAPITRE 1

Sans bruit, il était entré dans la chambre. La jeune fille achevait de border le lit. Elle secoua l'oreiller pour lui donner une forme. Dans son dos, elle sentait sa présence, devinant ce qui l'amenait. Quelques jours plus tôt, elle lui avait annoncé son mariage: "J'aurai des enfants comme toi." Ajoutant, parce qu'une ombre passait sur son visage: "Tu viendras me voir?" Mais il n'avait pas répondu.

Maintenant, il demandait:

- Pourquoi tu pars?

Elle se déroba, affectant la surprise:

- Parce que je vais à mon travail!

- Pourquoi tu ne vas plus habiter ici?

Le soleil entre les nuages vint éclairer le visage de l'enfant, accentuant la raideur de l'expression. D'un éclat de rire, elle voulut rompre cette gravité.

- Parce que je vais me marier!

- Tu pourrais rester ici.

Elle renonça à lui expliquer. Bientôt elle serait en retard à son travail.

Resté seul dans la chambre, il s'assit sur le lit. Avec le sentiment de sa présence encore. Le soleil de juin sur sa nuque avait la douceur de son souffle lorsqu'elle le tenait dans ses bras.

Sylvie, il l'avait découverte le soir de son arrivée. Deux ans plus tôt. Grande, brune, une lumière dans les yeux. Avec ce mouvement du corps rapide et souple.

Pénétrant dans la cuisine en coup de vent, elle avait jeté son sac à main sur la table et retiré ses chaussures à talon en soupirant d'aise.

- Ca y est, vous l'avez votre petit!

Mamie haussait les épaules.

- Eh bien, tu l'attendais pourtant!

- Ca! Je peux toujours espérer ceux de Marc. Depuis qu'il est à Rennes...

Mais Sylvie se moquait bien du commentaire. Déjà elle avalait l'escalier, pour redescendre aussitôt, des tennis à la main. Installée à la table, elle considérait Pierre. Celui-ci jouait avec une voiture sur le carrelage, quelque peu inquiet de ce silence. Soudain, s'étant levée, elle ramassa la girafe qui traînait à ses pieds: "C'est à toi?" et le hissa dans ses bras. Caressé par le souffle chaud de ses lèvres, il frissonnait sous le doigt qui glissait sur sa nuque. Sa main s'accrochait au vêtement, comme s'il craignait qu'on le lâche...

Avec cette idée que le cours du temps pouvait s'inverser, que la voiture de l'assistante sociale le reprenait, qu'on le ramenait chez sa mère... Pour que ce corps ne relâche pas son étreinte, il fixait les images de son arrivée. L'instant où l'assistante sociale l'avait laissé à ces inconnus. Cette femme qui avait dit: "Lui, c'est Grand-Pap... Et moi, c'est Mamie."

Grand-Pap semblait flotter dans ses vêtements. Deux larges oreilles un peu décollées encadraient un visage osseux et ridé. Le crâne commençait à se dégarnir sous les cheveux blancs.

- Et toi, comment tu t'appelles?

- Pierre Mallard.

Mamie s'était tournée vers Grand-Pap. Sourires ébauchés de leurs regards complices. Pierre la considérait: la douceur de son visage, ses yeux noisettes, effilés comme ceux d'un chat, sa peau piquée de tâches brunes. Un chignon plat serrait les cheveux, châtain mêlé de blanc. Cette coiffure l'intriguait.

Cependant, elle l'avait pris par la main: "Eh bien, on va peut-être visiter la maison?" et ils gravirent ensemble l'escalier. Grand-Pap ouvrait des portes. "Ca, c'est notre chambre." Des photos d'enfants étaient disposées sur les tables de nuit. "Et ça, c'est ta chambre." Au-dessus du lit, une étagère en merisier vernis, avec des livres; sur l'édredon, une girafe en peluche. Pierre la désigna du doigt. Grand-Pap la lui tendit: "Tu la veux?". Il la serrait dans le creux de son coude. Mamie s'inclina vers lui pour l'embrasser sur le front: "C'est à toi..."

Puis il resta seul un instant. Mamie avait dit: "Je descends chercher ta valise. On va ranger tes vêtements." Grand-Pap, lui, avait affaire au jardin. La porte d'entrée claqua. On entendait encore les déplacements de Mamie au rez-de-chaussée. Et, soudain, ce fut le silence. Le même silence qu'à l'appartement de Sarcelles, qui succédait à la fureur, avec aussi cette absence annoncée par le claquement d'une porte. La peur s'empara de lui. S'élançaient dans sa tête les images de son père et de sa mère: les cris de sa mère, les coups de son père. Manège tourbillonnant, qui donnait la nausée. Il fixait chaque image dans l'étau de sa volonté, à s'en faire mal. Jusqu'à ce qu'elles éclatent! Les veines du front saillaient sous sa peau, il tombait, le manège repartait de plus belle. Il frappait l'air de coups désordonnés, courait, poursuivi par les images, vite, plus vite. Fuir. A l'infini...

Mamie dépose la valise sur le lit et sort les vêtements. Pierre entrevoit les branches d'un cerisier par la fenêtre. Mamie parle, murmure qui le berce. On descend à la cuisine. Il s'attable devant un sirop d'orange et des biscuits, écoute la sirène de la Micheline au loin, détaille le chamois-baromètre sur le buffet, effleure la toile cirée du doigt. Respire, respire!

C'est à ce moment-là que Sylvie était arrivée.

- Sylvie, c'est ta fille?

- Mais oui! lui répondit Mamie. L'épluche légumes dans une main, une pomme de terre dans l'autre, elle le regardait d'un oeil intrigué. "Tu me l'as demandé dix fois depuis ton arrivée!"

Depuis combien de temps était-il ici? Toujours, lui semblait-il. Quelques semaines avaient suffi pour qu'il se sente l'enfant de cette maison.

Grand-Pap secoua sa rêverie.

- Même qu'elle a été petite comme toi. Et, déjà, elle dévorait la vie!

Quand il disait cela, il y avait une flamme dans ses yeux. Mamie, plus sévère, avertissait:

- Dent trop franche finit par s'y briser.

- Croque la vie tant qu'elles sont bonnes, se moquait Sylvie.

L'image ravissait Pierre: la chair ferme et juteuse d'une pomme se fend sous le tranchant des incisives et disparaît derrière les lèvres gourmandes.

Tendresse qui refuse de se contraindre, la jeune fille l'abandonnait sans explication au milieu d'un jeu, claquant le livre qu'elle parcourait avec lui: "Bon! c'est fini." ou traînée de poudre fusante à travers la maison: "J'ai oublié mon entraînement." Au début, il en était resté stupéfait. Puis il consulta Mamie: "Elle est partie?" Celle-ci avait averti: "Ah! Ca, c'est Sylvie." La fois d'après, il renonça à comprendre. Et maintenant, il aimait l'inattendu de ses retours. Tourbillon de liberté, légèreté de l'instant, lui rappelaient une lointaine absence... Sa mère, les derniers temps, ne l'entourait que d'une faiblesse indécise, mêlée de tristesse. Ne reverrait-il plus jamais sur son visage les éclats du bonheur dont il gardait la nostalgie?

Imprévisible aussi, Sylvie au moins ne démentait pas sa tendresse. Grand-Pap et Mamie pouvaient s'amuser de ses questions, il devait être doux de se sentir leur enfant. Leur simple présence semblait d'une telle évidence...

Celle de Mamie surtout. Du matin au soir, comme une souris, elle trottinait. C'était le coup de serpillière de quand il ne faut pas marcher sur le carrelage de la cuisine parce que ce n'est pas sec: "Allez ouste!" C'était la pile d'assiettes à dessert dans la partie basse du buffet, sous la planche des verres à apéritif et devant la soupière qu'on ne sort jamais. Le pli du pantalon droit comme un rail, la chemise pliée comme une cocotte en papier, les chaussettes en rond et les mouchoirs au carré. Le parquet qui sent bon la cire, les draps à la fenêtre, l'alcool à brûler, le papier journal qui crisse sur le carreau...

Chaque soir, Mamie dessinait avec le pouce une petite croix sur le front, rebordait le drap et glissait la girafe dans les bras. Au matin, le chocolat au lait fumait dans le bol; à côté, les longs morceaux de baguette et le bonbon pour l'école. Puis la main dans la main, le panier en paille avec les provisions, voilà la voisine qui raconte ses malheurs. Comme si on n'avait pas assez des siens! Le sparadrap sur le coude qui saigne, l'arnica, perles blanches et sucrées, et la tape sur les fesses: "Allez ouste!" Il en rira toute sa vie.

"Montre." Pierre désigne la médaille ferroviaire que Mamie nettoie avec l'argenterie. Elle bourre son chiffon de laine dans la poche de son tablier, courbée, les hanches larges qui soutiennent son torse maigre sous les vêtements. Elle incline vers lui la boîte où repose la médaille, enserrée dans son écrin de velours. Il regarde. Il regarde tant, qu'elle sort la médaille. Et, furtivement, il caresse le relief d'argent.

- C'est le train de Grand-Pap?

- Comme tu dis. C'est le train qui lui reste.

Ils échangent un regard où la malice le partage à la tendresse pour Grand-Pap. Et, sans autre commentaire, elle ordonne: "Va donc jouer, au lieu de rêver."

Ca, c'était Mamie! Le sentiment qu'on effleure... et puis elle renvoyait à l'insouciance des jeux. Tandis que Grand-Pap, lui, poursuivait l'échange à l'envie. Aucune occupation ne semblait le presser. Grand-Pap qui s'arrêtait pour regarder, pour écouter, qui accueillait les détours des "Pourquoi?", des "Comment?", des "Oui, mais...". Et si Mamie se lassait de leur bavardage, il lançait: "Allons faire un tour, Pierre, ça reposera Mamie." Dans l'intonation de la voix, il y avait une légère moquerie.

Leur promenade dans les rues de Crépy les menait au passage à niveau. Contiguë, la gare avait un air désuet et tranquille avec ses massifs de dahlias et ses arbres en espaliers qui tendaient leurs moignons boursouflés à force de taille. "Paris-Crépy-Soissons-Laon-Hirson" annonçait Grand-Pap en désignant le diesel qu'on distinguait entre les quais. Masse prodigieuse, un rapide les rejetait en arrière. Pierre se sentait aspiré par le vide qui succédait d'un coup. Grand-Pap le retenait en riant et criait au-dessus du roulement sonore qui se prolongeait:

- Tu as vu cette puissance! La route en tremble de peur!

- Comme chez Moreau?

- Non, chez Moreau, c'est le déplacement d'air que tu sens. Ici, la chaussée est solidaire des rails. Le socle tremble d'une seule pièce. Tu comprends?

Pierre n'était pas sûr de comprendre. Mais cette indécision rendait le phénomène plus fascinant encore. Il fixait ce point qui s'estompait au loin. Emporté par ce train, pour ne plus songer qu'au bonheur du voyage.

Grand-Pap secouait sa rêverie.

- Alors, on y va chez Moreau?

- Maintenant? s'étonnait-il joyeusement.

- Pourquoi pas? On a l'après-midi devant nous.

Grand-Pap était ainsi. Pour le plaisir, aussi inattendu que Sylvie.

En voiture, Ormoy-Villers était à quelques minutes. Le panneau signalant l'entrée du village à peine franchi, on était saisi par une trépidation intense, accompagnée d'un roulement de tambour. Grand-Pap évoquait une époque de capes et d'épées, lorsque les roues cerclées des carrosses résonnaient sur le pavé. Pierre fermait les yeux, imaginant au loin le galop d'un régiment de mousquetaires que le souverain dépêchait contre les ennemis du royaume...

On arrivait chez Moreau. Désignant Pierre du regard, l'ancien chef de gare d'Ormoy-Villers lançait à Grand-Pap:

- Tu nous as amené ta jeunesse?

Pierre l'embrassait.

- Allez, entre. Tu as de la chance d'avoir un grand-père pareil!

- La chance est pour moi! protestait Grand-Pap.

Et, se bousculant dans l'entrée trop étroite, ils riaient tous les trois.

De retour à Crépy, Mamie s'étonnait parfois: "Mais que fais-tu là-bas?" Pourquoi aurait-il dû faire quelque chose chez Moreau? Il regardait les deux vieux jouer aux cartes, feuilletait *La Vie du Rail*, détaillait les gravures murales, goûtait de biscuits et d'un sirop d'orange. A peine si Grand-Pap se souciait de lui! Mais cela importait peu. Plus encore qu'à la maison de Crépy, ce qui comptait, c'était le sentiment d'appartenir à un entourage. Le soir tombant, il songeait quelquefois aux heures qui venaient de s'écouler. Et, à l'idée de quitter ce lieu aimé, un regret l'étreignait.

Avec Grand-Pap pourtant, il aurait accepté tous les départs. Dans les yeux de ce dernier, le voyage dansait comme une aventure. Familier à visiter, spectacle de marionnettes, promenade en bateau-mouche, toutes les occasions étaient bonnes pour prendre le train jusqu'à Paris. A peine s'était-on installé sur la banquette en moleskine rouge de la Micheline, qu'il reprenait les souvenirs de son métier. Puis il commentait les étapes, identifiait les convois que l'on croisait et, lorsqu'on s'engageait dans le triage de Paris-Nord, dirigeait de la voix le ballet des aiguillages, croisements impossibles qui se résolvaient toujours selon ses prévisions. Un train vient longer la Micheline, on se regarde passer, il gagne en vitesse, puis s'éloigne de plusieurs voies et, à son tour, perd du terrain, voiture après voiture. Les quais défilent, on parie sur le sens du débarquement, alors qu'autour les voyageurs ramassent déjà leurs affaires. Mamie distribue les manteaux, ramenant Grand-Pap à de plus immédiates préoccupations...

Mais, tandis qu'on se laisse porter par la foule, celui-ci reprend. Devant les locomotives électriques, il évoque les vapeurs de son époque: *Mountain*, *Baltic*, *Pacific*. Et, dans les rues de Paris, il parle encore du sifflement de la vapeur, des cuivres reluisants, des chaudières astiquées. Il imite les bielles qui avancent, descendent, reculent, un bras pour chaque bielle.

- De mon temps, sais-tu comment on appelait les locomotives à vapeur?... Des *voraces*, à cause du charbon dont il fallait les nourrir. Et nous qui les conduisions, étions des *dévorants*. Parce que nous avalions les kilomètres!

Brusquement, Mamie l'interrompt: "Arrête donc, tu l'embêtes." Il se tait, les yeux dans le lointain. Pierre le sent qui s'échappe. Il lui serre la main. Grand-Pap incline la tête.

- Qu'est-ce qu'il y a?

- Continue.

Et, d'un haussement d'épaules, Mamie les abandonne au *vorace* que Grand-Pap doit conduire jusqu'à la gare de Lille. "Jusqu'à ses heurtoirs." précise-t-il. Un train-croiseur gifle le convoi. La masse sombre d'une forêt s'éloigne, le bruit de a machine s'enfle au passage d'un viaduc, les roues broient les aiguillages. Sous les lumières d'une gare endormie, le convoi s'arrête pour quelques voyageurs nocturnes. Au coup de sifflet, la locomotive s'ébranle entre les quais.

Le train de Grand-Pap rêve la vie. Et Pierre voudrait s'enfuir avec lui. Voyage qui jamais ne s'achèverait. Dans la nuit d'été, rien ne le menace.

CHAPITRE 2

Comme si le bonheur s'était échappé le jour du mariage de Sylvie... Sylvie l'insolence, Sylvie la tendresse! Ce bonheur, d'une telle évidence sur son visage, la jeune fille l'avait emporté avec elle. Et même le regard de Grand-pap n'avait pu distraire Pierre de sa tristesse. Grand-Pap qui le devinait, mais sans apaiser la déchirure.

Pourquoi, aussi, y avait-il eu cette dispute entre Marc, le frère de Sylvie, et sa femme! Ces mots soudains qui les dressaient l'un contre l'autre, leurs regards qui alternaient entre violence et désarroi. Et leur enfant qui les considérait en silence, une stupeur sur le visage... Dans un mouvement de colère, Marc avait quitté la table. Et sa femme s'était réfugiée à l'étage, les yeux noyés de larmes.

Alors, d'un coup, la douleur éclate. Le manège reprend sa course. Les chevaux de bois tourbillonnent et le frappent de leurs sabots. Il les contient encore, se lève calmement, sort de la maison sans qu'on le remarque et s'engage sur la route qui conduit à la forêt. Il se retient de courir, il se retient jusqu'aux grands arbres, jusqu'à cette futaie qui filtre un soleil apaisé. Et, seulement à cet instant, il s'élance, éperdu.

Le départ de Sylvie, la dispute, le regard de l'enfant... Comme chez lui, c'était comme chez lui. Les adultes s'affrontaient, l'un s'en allait, l'autre pleurait. Et les enfants restaient impuissants devant les mots qui blessent. Sourde menace qui annonçait... Ainsi que dans ses cauchemars, les événements s'enchaînaient sans qu'on puisse les retenir.

Grand-Pap l'avait retrouvé sur la route qui mène à Compiègne. Pas de reproche. Un sourire de soulagement: "Tu nous as fait peur!" Et tout de même une question: "Qu'est-ce qui t'a pris?" Pierre ne pouvait répondre.

Arrivés à la maison, il demanda pourtant:

- Marc, il est parti?

- Mais non, imbécile, il est revenu. C'est pour ça que..?

De sa main, il parcourait ses cheveux, achevant sa caresse dans la nuque. Le même geste que Sylvie. Les yeux de Pierre s'étaient mouillés de larmes. Mais le regard de Grand-Pap avait ce pétillement de malice qui force au bonheur. A la fin, il le lâcha et, d'un air faussement bourru: "T'en verras d'autres!" Pierre n'avait pas compris. Il devinait que les paroles de Grand-Pap se voulaient rassurantes. Mais pourquoi, alors, affirmaient-elles ce qu'il redoutait?

Dans la maison, la gaieté était revenue, une gaieté apaisée. Mamie l'avait envoyé prendre le dessert avec les autres enfants. La vie recommençait. Autour de lui, on s'y offrait. Et il ne leur ressemblait pas. Possédé par la peur de la prochaine fois, qui peut-être serait comme avant.

Au mariage de Sylvie, le printemps était de la fête. Puis le temps changea brutalement. Le dimanche suivant, à son réveil, Pierre vit que la neige était tombée. Absente tout l'hiver, elle avait attendu avril pour se manifester. Son petit déjeuner achevé, Grand-Pap l'emmena en forêt.

- Faut pas la faire attendre. Elle restera pas.

Le soleil, en effet, caressa leur promenade. Pierre s'émerveillait devant cet univers cotonneux et scintillant.
- Tu pourras en parler à ta mère, cette après-midi, commenta joyeusement Grand-Pap.
Pierre bougonna:
- Oui, oui.
Au début, l'attente de ces rencontres mêlait la joie de la retrouver à l'inquiétude des mots qu'elle prononcerait. Mais, plus fort, dominait l'espoir que tout recommence comme avant. Un avant traversé de violences, suivies d'embellies, stupéfiantes de bonheur. Parfois, l'amour de sa mère s'y faisait pressant, presque étouffant de prévenances, tellement démonstratif qu'il s'y dérobait. Avec ce sentiment coupable de ne savoir répondre à une attente. Pourtant, ce passé, qu'il paraissait doux, lorsqu'on en parcourait les contours!
Puis, les mois passant à Crépy, l'apaisement de Grand-Pap et Mamie, la joie de Sylvie, ce goût de la vie... l'espoir s'était retourné. Pierre n'attendait plus demain. Et même en venait à le redouter.
Grand-Pap et Mamie accueillaient sa mère dans la salle à manger. Lorsqu'il la voyait rentrer, belle et fragile, triste, un frisson le parcourait. Elle s'asseyait, refusait le café qu'on lui offrait. Répondait à peine quand Mamie lui parlait de son enfant. Douloureusement, il la ressentait étrangère dans cette maison. Et, sans qu'il comprenne pourquoi, la sollicitude de Mamie lui était pénible. Les minutes passaient. Enfin, elle disait: "Je l'emmène." Ils marchaient dans Crépy puis rejoignaient un café. Pierre ne posait pas de question, écoutant seulement cette voix qui lui parvenait comme une mélodie lointaine...
Ce jour-là, il ne parla pas de la forêt sous la neige. De celle-ci, il ne restait qu'une humidité sale sur les trottoirs. Et le visage de sa mère ne s'accordait pas au bonheur de l'évocation. D'ailleurs, à peine installés dans la salle du café, elle l'entretint de son placement à la DDASS. Son expression était fébrile

et chaque phrase entraînait une nouvelle précision: elle n'avait plus d'argent, était obligée par l'assistante sociale, ne voulait pas voir son père... Tour à tour hostile: "Tu ne dis rien.", inquiète: "Tu ne réponds pas?", implorante: "Comprends-moi." Elle lui caressait la main, prenait son sac sur la table, sortait une cigarette de son sac, lissait ses cheveux, se détournait vers la fenêtre pour éviter son regard.

Les mots de sa mère ranimaient une incertitude.

- Quand je rentrerai à la maison?

Il avait osé cette question, sans plus savoir ce qui l'emportait de la crainte ou du désir. Elle le fixa, interdite. Il soutenait son regard. Elle l'empoigna, l'enserrant au creux de l'épaule, comme s'il ne devait pas la voir. Car elle pleurait. Elle pleurait et le berçait dans ses bras, à lui faire mal. Répétant: "Bientôt, bientôt." Murmurant aussi: "Je ne suis pas une vraie maman... une vraie maman."

Ils repartirent vers la maison en silence. Devant le portail, très vite, elle dit: "A l'appartement, il y a un monsieur... C'est mon ami... Il ne veut pas d'enfants pour l'instant. Un jour, tu reviendras. Un jour... attends."

Il refusait de la croire. Sur son visage, se lisait trop de désarroi. Qu'attendait-elle de lui? Contre cet homme, il ne pouvait rien! Inconnu qui lui semblait si présent et déjà hostile. Pourquoi pensait-il le connaître? Pourquoi avait-il frémi à sa seule évocation? Avec le sentiment d'une menace...

Pour chasser cette image, il courut chercher Grand-Pap et l'entraîna dans le jardin. Coutumier rappel à la visite qu'ils avaient effectuer le jour de son arrivée à Crépy.

Un bourgeon qui pointe, un fruit qui rougit, une feuille chatoyante, une fleur se dissimule dans son calice entrouvert. Pierre s'abandonnait à l'apaisement de Grand-Pap.

- Regarde les fleurs sur le pommier.

- C'est un cerisier, dit Grand-Pap. Les pommiers fleurissent plus tard. Et le coeur de la fleur est rouge.

- "Croque la vie!"
- J'espère que t'en feras autant, approuva Grand-Pap avec une tendresse des yeux.
L'automne dernier, Pierre avait cueilli les pommes avec Sylvie.
- Montre comment tu fais, lui demanda-t-il.
- Quoi? s'étonna Sylvie.
- "Croque la vie tant qu'elles sont bonnes!"
La jeune fille éclata de rire, puis, saisissant une pomme dans le panier, la mordit à pleines dents. "A toi." Et il imprima sa marque sur le fruit. Le jus sucré coulait jusque dans le creux de la paume...
Mais Grand-Pap l'entraînait déjà plus loin.
- Viens voir, j'ai butté les asperges.
Il connaissait sa prédilection pour ce coin du jardin: trois buttes de terre dressées comme des collines, longues comme des vagues. Dés leur première sortie, il lui avait expliqué:
- On mange la racine. Regarde, celle-là pointe le bout du nez.
Il avait enfoncé une tige baguée dans la terre meuble, brisant la racine en son point le plus bas pour sortir l'asperge avec précaution: "Je t'apprendrai."
Pierre avait appris. Et il inspectait souvent ce carré de terre pour bénéficier du privilège de la cueillette. Celle-ci achevée, il considérait un instant l'ombre portée sur le sol par un jeune noyer. L'arbre que Grand-Pap avait planté en novembre dernier, malgré les protestations de Mamie: "Tu ne sais pas ce que ça devient un noyer! Les branches passeront chez le voisin, les racines soulèveront le mur. Et l'ombre... l'ombre tu y as pensé?"
Grand-Pap, cette fois-là, n'avait pas obéi. Et Pierre s'associait à cette insolence.
- Tu crois qu'il fera beaucoup d'ombre, quand il sera grand?
- L'ombre de mon noyer?... La belle affaire! Je ne la verrai jamais. Je serai parti avant.

- C'est comme la lettre de mon père. J'ai dit à Mamie que je voulais la garder dans ma poche, poursuivit Pierre, songeant à cette désobéissance qui l'apparentait à Grand-Pap.

Dans un élan, il demanda:

- Tu veux la voir?

Grand-Pap l'avait longuement considéré. Et puis il prononça des mots étranges. Ces mots qu'on ne comprenait pas toujours chez lui. Mais, dans le mystère, il mettait encore de la tendresse.

- Peut-être pas. Les secrets, faut les évoquer, mais pas toujours les partager. Tu as ta lettre, j'ai mon noyer.

Il avait sa lettre! Qu'il passait du pantalon sale au pantalon propre, refusant obstinément ceux qui ne possédaient pas de poche arrière, fermée d'un bouton. Où alors, c'était l'hiver et il la plaçait dans l'une des poches à fermeture éclair de son anorak. Au début, on lui disait: "Pourquoi tu gardes toujours une main dehors?" Il avait décidé de garder les deux mains dehors. Mamie s'en inquiéta. Pierre prétendit: "Je n'ai pas froid!" Elle répondit à sa protestation par une paire de moufles.

Un jour, pourtant, la lettre faillit disparaître. Au dernier moment, il s'en souvint et courut jusqu'au cagibi où Mamie préparait la lessive. Là, il retrouva son vêtement au milieu du linge sale, ignorant de Mamie, qui s'exclama:

- Eh bien! Que fais-tu?

- C'est la lettre.

Il venait de l'extraire du vêtement et la défroissait.

- La lettre! Quelle lettre?

- La lettre de mon père.

- Ton père t'a écrit? Je ne l'ai pas vue au courrier.

- C'est l'assistante sociale qui me l'a donnée.

Déjà Mamie tendait la main. Mais Pierre eut un mouvement de recul, avec une hostilité dans le regard. Elle resta stupéfaite. Puis se reprit. Et, tandis qu'il enjambait le tas de linge, elle le poussa d'une tape sur les fesses: "Allez, ouste!" Et, moqueuse: "N'oublie plus."

Il s'échappa dans sa chambre afin de la lire. Une fois encore.

"Cher Pierre.

Je t'écris cette lettre pour te dire que je ne t'oublie pas. Je voulais venir te voir à la DDASS, mais ta maman n'était pas d'accord et je ne veux pas faire d'histoire. Surtout que je n'ai même pas la garde parce que j'ai quitté la maison. Tu sais, maman et moi, on s'est disputé. On ne se voit plus. J'ai trouvé un appartement et j'espère que ça va s'arranger, mais je ne crois pas.

Je voudrais te dire que j'aurais aimé être un vrai papa pour toi. Mais c'est difficile. Je te serre très fort sur mon coeur.

Jacques"

Cette signature ne l'étonne pas. Sa pensée se fixe sur deux mots, si semblables à ceux de sa mère: un *vrai papa*, une *vraie maman*, comme ceux de ses camarades d'école... D'ailleurs, il n'est pas sûr d'avoir déjà appelé son père autrement que par son prénom. Et puis... seule la présence de sa mère lui semble une évidence de toujours. Tandis que, de Jacques, ne reste que le souvenir d'une tendresse contenue, qui ne pouvait s'exprimer qu'au travers de cette dernière.

Elle lui a demandé de l'attendre. Mais ne doit-il pas se ranger à l'idée que sa vie s'est fixée chez Grand-Pap et Mamie? Il lui faut oublier que Corinne est restée à la maison, que Christophe vit dans une autre famille, que Jacques a délaissé l'appartement de Sarcelles... Pourquoi a-t-il cédé sa place à l'ami dont parle sa mère? Confuse, intolérable, une pensée l'élance: l'existence de cet homme lui est plus décisive que celle de Jacques. Alors, pour réprimer cette sourde reconnaissance, il relit la lettre de Jacques. La range avec application dans l'enveloppe, la glisse sous l'oreiller, éteint la lumière. Reprend chaque terme. Recours contre une insupportable évidence.

*　　*

*

Mamie était sortie ouvrir les volets. Le porte-monnaie se trouvait sur le buffet, à côté du chamois-thermomètre. Subite impulsion, il se leva, fouilla hâtivement, dans sa fièvre laissa s'échapper quelques pièces qui rebondirent sur le carrelage en tintant, se précipita pour les rattraper... Lorsque Mamie entra dans la cuisine, il avait retrouvé sa place devant son bol de chocolat.

Sur le chemin de l'école, la boulangerie était ouverte. Tout y passa. Dans la cour de récréation, prince d'un jour, coupable inquiet, Pierre avait dilapidé son magot. Une stupeur le saisit soudain: que venait-il de faire! Il préférait ne pas le savoir. C'était plus fort que lui. Un mouvement du corps, presque une faim au creux de l'estomac. Et puis cette idée qui ressemblait à une farce, mais douloureuse à force d'être obsédante: croquer la vie! Dévorer l'absence.

Les vols se répétèrent. Les retours de courses donnaient parfois lieu à des comptes minutieux et Pierre préférait ignorer l'irritation qui plissait les lèvres de Mamie lorsqu'elle refermait enfin le porte-monnaie.

Jusqu'au jour où elle découvre une pièce dans son anorak. Elle l'interroge, il se tait. Elle accuse, il nie, figé. Elle crie, le secoue et, pour finir, le gifle. Grand-Pap survient, lui parle avec douceur, promet la clémence et, enfin, le tance d'une simple morale. Pierre ne désempare pas.

La perspective de l'aveu était insupportable. Comment aurait-il soutenu le regard de Mamie! Mamie sans défaut. Aurait-elle encore tracé la croix sur son front après le baiser du soir? Après la caresse de sa peau, ce glissement furtif sur la joue, tandis qu'elle murmurait dans l'oreille: "Fais de beaux rêves." Déjà ses paroles avaient la réserve des sentiments qui s'obligent. Et, pour compenser sa sévérité, Sylvie n'était plus là. A peine si elle l'accueillait quelques week-ends dans sa nouvelle maison. Mamie allait-elle à son tour l'abandonner? Il fallait oublier le vol d'hier par le trésor dissimulé le matin au creux des poches, le soir dans les caches du lit, puis disperser ce butin maudit aux quatre vents des copains, ignorer au fond du cartable les rapines qui pourrissaient le bonheur. Et prendre encore, pour remplacer les mots de Mamie, ces mots ordinaires dont on regrette les accents lorsqu'ils ne sont plus prononcés.

Pourtant, il les aimait toujours, Grand-Pap et Mamie. Et la vie avec eux ressemblait en certains instants à une plage caressante. Un livre feuilleté sur les genoux, un bonsoir plus tendre, la nuit effaçait les rancoeurs, on étirait en paresse un dimanche matin. Le repas s'achevait sur les éclairs au chocolat de Mamie et Grand-Pap racontait un drôle de souvenir: "Tu ne voulais pas mettre ton pantalon pour aller à l'école. Tu avais décidé que ce serait le short."

Penchée sur l'évier, Mamie avait commencé la vaisselle. Elle s'interrompit, essuya ses mains couvertes de mousse sur le tablier et, mettant le café à chauffer, précisa: "Il tombait une pluie glacée. Et toi, tu criais: "J'ai sport, j'ai sport!" A la fin, je t'ai dit de mettre le short sous le pantalon. Mais tu ne voulais plus rien entendre. Je crois que tu étais vexé." Elle singeait les cris de Pierre: "Sylvie met un short quand elle va courir. Moi, je fais pareil. Pareil!"

Mamie montrait du talent dans ses imitations. Grand-Pap riait sans réserve. Pierre protesta pour entretenir le plaisir.

- Ce n'est pas vrai que je criais comme ça.

- Au moins aussi fort, s'exclama Mamie. Et, en plus, tu nous fatiguais avec ta Sylvie. Toujours à vouloir faire comme elle! Hein, Grand-pap?

Celui-ci approuvait. Puis il sembla réfléchir. Et enfin demanda:

- Tu ne trouves pas qu'il lui ressemble, Mamie? A son âge, elle était aussi colérique.

- Peut-être, accorda-t-elle sans conviction. La comparaison semblait lui déplaire. Elle ordonna:

- Dépêche-toi de finir ton dessert, Pierre. Et laisse-nous prendre le café.

Elle s'était remise à la vaisselle. Pierre sollicita Grand-Pap.

- C'est vrai que je faisais des colères comme Sylvie?

D'un mouvement de la tête en arrière, les yeux qui s'agrandissaient à l'infini, celui-ci sembla prendre son élan. Et, d'un coup, émit de sa voix la plus grave: "Des colères terr...ribles!". Il roulait les "r" en plongeant des yeux noirs dans ceux de Pierre et le secouait vigoureusement par les épaules. Puis, comme celui-ci ne concédait qu'un vague sourire, il ajouta: "Et tu es certainement aussi entêté que Sylvie."

- Et maintenant? relança-t-il, toujours insatisfait.

- Ah, maintenant c'est différent! s'exclama Mamie.

Pierre avait frémi. Il la dévisagea. Mais son regard était vide. Comme si elle regrettait sa sortie. Et en même temps refusait d'offrir une parole rassurante. Vivement, Grand-Pap se leva et le prit par la main. "Maintenant tu as grandi. Et ce n'est pas toujours plus facile... Même les adultes ont leurs défauts. Allez, va dans ta chambre."

Pierre gravit lentement l'escalier, tourna sur le palier, échappant au regard de Grand-Pap, entrouvrit la porte de la chambre, s'arrêta, la main sur la poignée. Ecoutant leurs mots à tous deux, étouffés.

- Qu'est-ce qui t'a pris, Mamie?
Le silence. Puis une voix altérée, brutale, qu'il ne connaissait pas.
- Tu le sais que, pour moi, Sylvie c'est un peu le petit Jean.
Pierre l'interrogeant à propos d'une photo dans leur chambre, Grand-Pap avait évoqué cet enfant mort quelques jours après sa naissance.
- J'ai toujours imaginé qu'elle avait le caractère de celui qu'elle remplaçait, poursuivait Mamie d'une voix radoucie. Quand tu as parlé de ressemblance...
Pierre aurait voulu ne plus l'entendre. Mais il restait figé, imaginant les yeux de Mamie bordés de larmes. Il y eut des bruits de chaises et de vaisselle. Et Grand-Pap reprit:
- Tout de même, tu exagères.
- C'est pourtant vrai qu'il est différent, répliqua-t-elle.
- Souviens-toi. Il n'était pas facile en arrivant.
- Peut-être, mais je préférais. Maintenant, je ne le comprends plus.
Tout se mêlait dans l'esprit de Pierre: la ressemblance du petit Jean et de Sylvie - comme s'il vivait en elle - cette même ressemblance qu'évoquait Grand-Pap à son égard et que Mamie lui refusait... Et le sentiment qu'il ne serait jamais leur enfant. Emporté par ce tumulte, il se réfugia dans sa chambre. Assis sur son lit, il s'assura que la lettre de Jacques était dans sa poche et prit la girafe, considérant une carte postale sur le mur. Celle où Sylvie lui apprenait qu'elle attendait un enfant.
La Micheline siffla dans le lointain. Le soleil d'automne jouait sur les carreaux de la fenêtre à travers les branches du cerisier, qui déjà perdait ses feuilles. On entendait les bruits d'une fête foraine.

Il y avait eu cette joie soudaine: que tout recommence! Et puis l'élan s'était brisé. Mamie préférait avant...

Les punitions se succédaient, prononcées par Mamie, approuvées du bout des lèvres par Grand-Pap. Celui-ci arrachait des résolutions, jamais tenues, toujours recommencées. Il y avait une tristesse dans ses yeux. Et Pierre comprenait qu'il en était à l'origine.

Un soir, il le trouva devant la grille de l'école.

- Je dois voir monsieur Garroux, lui dit Grand-Pap. Attends-moi. Nous repartirons ensemble.

Sa voix était basse, avec une lassitude. Il pénétra dans la classe et referma la porte. C'était un soir de décembre et l'obscurité, déjà, commençait de l'emporter. La cloison, qui séparait le couloir de la classe, s'achevait par des baies vitrées. Un instant, Pierre considéra la lumière jaune qu'elles dispensaient et les ombres dessinées sur le sol. Puis il se détourna vers la cour de récréation déserte et ce spectacle le conforta dans l'idée que la visite de Grand-Pap le distinguait de ses camarades. L'école était un domaine préservé. Il n'y avait jamais évoqué sa condition d'enfant placé.

Il entendait leurs voix dans la classe, essayant de les ignorer. Rassuré d'abord parce qu'ils ne semblaient évoquer que des connaissances communes ou des événements partagés. Puis la consonance redoutée avait éclaté: "DDASS". Et, sans pouvoir réprimer un sursaut, l'enfant s'était retourné vers les baies vitrées, comme si la lumière permettait de mieux distinguer les mots prononcés. Grand-Pap parlait de ses vols et de sa dissimulation, d'un ton hésitant, parfois soupirant. Chaque phrase était une violence. Elles réduisaient à néant ce qu'il s'efforçait d'être devant monsieur Garroux. Il manqua s'échapper. Mais un éclat de rire l'arrêta net.

- Eh bien, en classe, je n'ai pas de problème! s'exclamait l'instituteur. Regardez ses cahiers. Ils respirent le plaisir d'apprendre.

Une lame de bonheur avait déferlé, aussitôt contrariée par la colère qu'on puisse ainsi dévoiler l'intimité d'un effort qu'il réalisait pour lui seul. Pudeur à partager les contours d'une réussite, qu'emporta soudain la réplique de Grand-Pap, une déchirure brutale, lorsqu'il dit:

- Vous avez de la chance. Nous, on ne comprend plus. Il est loin le petit Pierre que nous avons accueilli.

Monsieur Garroux avait repris. Mais son langage devenait étrange. Comme si les images qu'il dessinait, disaient autre chose que leur signification immédiate. Autre chose que Pierre ne comprenait pas.

- Avec les enfants de la DDASS, quand tout va mal, il faut voir ce qui va bien. La vie des enfants ordinaires, c'est un jardin avec quelques tempêtes. La sienne c'est du bricolage. Rien ne tient vraiment que de travers. Laissez-le bricoler, même mal. On ne peut qu'être à ses côtés.

Pierre n'entendait que les mots qui blessaient, pas ceux qui apportaient une présence. Et l'apaisement de Grand-Pap, lorsque la porte s'ouvrit, lui sembla plus cruel encore. L'instituteur croisa son regard. Le devinait-il? Il se retint de parler, n'offrant qu'un sourire. Impuissante complicité... Déjà Grand-Pap l'emmenait.

Malgré le froid, Pierre resta dehors à la nuit tombée. Il ignora d'abord les appels de Mamie pour le repas. Et ne se résolut que lorsqu'elle prit son ton de colère.

Son forfait était accompli. La nuit le dissimulait. A lui-même, elle n'en avait dispensé que des contours incertains. Il imaginait les morceaux d'asperges dispersés à tout va, leurs pointes brisées, écrasées dans les empreintes de son talon, et les trois buttes bouleversées de ses coups rageurs. A ce démembrement, il avait appliqué une violence froide. Et, au moment de s'endormir, se représentant le visage de Grand-Pap lorsqu'il découvrirait le massacre, il ne savait pas ce qui l'emportait d'un regret incertain ou de sa colère contre le compagnon de ses rêves...

Le lendemain, au retour de l'école, Grand-Pap et Mamie l'attendaient dans la cuisine.

- Tu n'iras pas chez Sylvie, samedi, annonça brutalement ce dernier.

La sévérité de la punition donnait la mesure de la faute. Et c'était Grand-Pap qui la prononçait! Au tranchant de sa voix, à la roide contenance de Mamie, Pierre avait deviné leur détermination. Une fois encore, pour seule réponse, il s'apprêtait à offrir un mutisme absolu. Mais, tandis que Grand-Pap le considérait d'un silence désarmé, Mamie avait lancé une question. Et le ton de sa voix troubla son hostilité, car il était d'une inquiète tendresse.

- Pourquoi tu as fait ça?

Vivement, Pierre s'était retourné vers Grand-Pap, violence qu'il ne pouvait plus retenir.

- Pourquoi tu as été voir monsieur Garroux?

Du regard, Grand-Pap sollicita Mamie, qui esquissa un geste d'impuissance. Il s'assit lourdement, baissant le visage, puis le relevant en direction de Pierre avec un sourire de lassitude.

- Parce que je suis un vieil imbécile.

Un frisson parcourt Pierre. Il se raidit sur ses jambes pour dominer l'émotion qui l'empoigne. Et, sans plus rien y pouvoir, s'effondre. Mouvement d'un coup retrouvé, il se précipite au creux de Mamie, éclatant en sanglots. Celle-ci lui caresse les cheveux dans un geste répété qui, peu à peu, calme les soubresauts de son corps. Il ouvre les yeux, se détache, relève la tête et, dans le sourire qu'échangent Grand-Pap et Mamie, devine qu'ils l'aiment encore.

Mais, comme à Sarcelles, les embellies étaient trompeuses. Chez Grand-Pap et Mamie, il croyait parcourir aujourd'hui et demain, et plus loin encore. Il croyait que, malgré lui, malgré ses vols et ses mensonges, sa méchanceté et ce vide qui jamais ne se comblait, la présence que ceux-ci lui offraient...

Le printemps était revenu. Il s'annonçait avec autant de générosité que l'année précédente, lors du mariage de Sylvie. On en fêta l'anniversaire chez elle.

- Alors, *Croque la lune*, comment vas-tu? dit cette dernière en l'accueillant.

Ainsi le surnommait-elle depuis quelque temps à cause de ses silences taciturnes. Il ne concéda qu'une approbation distraite et, durant le repas, resta étranger à la gaieté qui animait ces retrouvailles. Lorsque Grand-Pap proposa une promenade en forêt, Sylvie demanda à Pierre de rester avec elle. Cette invitation emporta sa mauvaise humeur.

- Tu garderas le bébé avec moi, dit-elle en caressant son ventre rond.

Restés seuls, il voulut en savoir plus.

- Comment il s'appellera?

- Pascal si c'est un garçon, Dominique si c'est une fille.

- Oui, mais son vrai nom.

Sylvie éclata de rire.

- Son nom de famille, tu veux dire?

Comme il acquiesçait, elle compléta:

- Marence.

- C'est le nom de ton mari?

- Oui. Comme ton père s'appelle Mallard.

- Peut-être, accorda Pierre dans un murmure.

Il ne désirait pas poursuivre et se plongea dans la lecture d'une bande dessinée. Sylvie l'abandonna pour préparer le goûter.

A peine l'avait-elle quitté, qu'il relevait le visage, considérant les jonquilles dans le jardin, qu'une brise balançait comme des étoiles dorées. Il la revoyait quelques heures plus tôt, assise dans l'herbe, mains jointes enserrant sa robe au niveau des chevilles, tandis que les corolles délicates dansaient à son alentour sur la pelouse. Puis il l'aperçut qui marchait dans la salle à manger, le ventre tendu en avant mais toujours élancée et souple. Elle s'installa à la table, pliant des serviettes, suivant du doigt les dessins de la nappe, concentrée sur elle-même.

Il demanda:

- Tu le feras baptiser?

- Non, répondit-elle distraitement.

Puis, se retournant soudain:

- Pourquoi tu demandes ça?

- Pour savoir s'il aura un parrain, dit-il en reprenant sa lecture.

Quelques minutes passèrent et Pierre était à ce point absorbé par son histoire qu'il sursauta au toucher de Sylvie sur son épaule. Elle lui proposait un jus d'orange et des casse-croûte.

- Il n'y aura pas de baptême. Mais ça ne t'empêche pas d'être le parrain.

Le visage de Pierre s'éclaira subitement. Une indécision d'abord: l'éventualité d'un nourrisson dans ses bras était difficile à imaginer... Puis il laissa libre cours à sa gaieté.

- D'accord, je vais en parler à Mamie.

Il fit mine de trinquer avec son jus d'orange: "A sa santé!" Et elle l'embrassa en riant.

Mais, au moment du départ, une inquiétude le traversa.

- Je ne suis pas sûr que ça marchera. Si je retourne chez ma mère...

Joyeusement, elle bouscula sa réserve.

- Pour moi, ça ne change rien. Et puis... faut prendre les choses quand elles viennent.

Il n'aimait pas cette dernière phrase. Elle comportait trop d'incertitude...

Le printemps aurait dû ramener le bonheur et Pierre y crut encore quelques jours, caressant la perspective de cet enfant qui l'attacherait plus sûrement à une familiarité. Mais, un soir, au retour de l'école, Mamie brisa l'enchantement.

- Ne fais pas de bruit, Grand-Pap est malade.

Le goûter servi, Pierre osa demander:

- Qu'est-ce qu'il a Grand-Pap?

- C'est la coeur. Il a eu un accident... un accident grave.

Mamie s'était remise à sa couture. Après quelques instants, elle murmura: "Avec toutes tes bêtises... Ca le fatigue aussi." Soupirant, elle ramassa le verre et la bouteille de limonade.

- Range ton manteau et va jouer.

Il s'échappa dans le jardin. Courant jusqu'au noyer. A proximité, les trois buttes en forme de vagues avaient laissé place à une surface plane, qu'envahissait la mauvaise herbe. Quelque temps plus tôt, à Grand-Pap qui arasait le sol, Pierre avait demandé:

- Les asperges n'auraient plus poussé?

Grand-Pap s'était fait moqueur: "L'en faudra un autre que toi pour extirper leurs racines!" puis rassurant: "J'ai saisi l'occasion. C'est plus à mon âge que je viendrai les buter." Pierre avait pensé: "Moi, je l'aurais fait."

Il n'y avait plus d'asperges. Et il se disait que rien ne les aurait sauvées. Comme s'il ne pouvait désormais garantir sa présence. Grand-Pap était malade à cause de lui et Mamie ne pouvait plus l'aimer. Les liens qui l'attachaient, n'était-ce pas lui qui, une fois encore, les brisait? Il aurait voulu retrouver le train de Grand-Pap dans la nuit tiède de l'été, renouer avec leur complicité silencieuse. Et, pour ne pas s'enfuir, pour ne pas ajouter au drame, il serrait les poings, tendait les muscles des jambes. Ca tournait, tournait à l'infini dans sa tête...

Grand-Pap s'était levé au bout d'une semaine et il marchait maintenant dans la maison, d'un pas hésitant. La peau de son visage s'était distendue. Toujours souriant, mais ses yeux semblaient voilés, encore malicieux, mais avec moins de vivacité. Sylvie était partie, Grand-Pap devenait vieux, Mamie semblait soudain très fatiguée. Une tristesse avait envahi la maison. Pierre se dérobait lorsqu'il les apercevait en train de converser à voix basse, frémissant d'entendre son nom, guettant la consonance odieuse. Toujours la même! "DDASS", le mot éclate, tranchant d'une lame, et il s'enfuit précipitamment.

Bientôt, ils lui annoncèrent son retour au Foyer de l'Enfance, s'essayant à d'inutiles explications. Il ne les entendait pas. D'autres mots l'obsédaient: "Avec toutes tes bêtises..." A huit ans, il fallait repartir. Plus conscient, plus dur. Il n'appartenait à personne. Pourtant, combien cette maison était devenue sienne!

Mamie et Grand-Pap voulurent l'accompagner jusqu'à Pontoise. Elle se taisait. Il s'efforçait à la gaieté: "Peut-être que tu pourras venir à la maison un dimanche. Tu seras bien dans une autre famille, avec d'autres enfants... Nous, on se fait vieux... Je t'enverrai des cartes postales avec des locomotives..."

Pierre est assis sur la banquette arrière, la joue contre le carreau, les mains sur les genoux. A ses pieds la valise, dans les bras de Mamie la girafe en peluche. La route est droite, sans arbre, les champs immenses. La tour d'un château en ruine se profile sur le ciel comme le visage d'une reine. Au loin, on distingue la cathédrale de Senlis.

Mamie est vêtue comme lorsqu'on allait à Paris. Grand-Pap a mis son costume gris rayé et une cravate. Dans le bureau du directeur, Mamie donne la girafe à Pierre. Il ne pleure pas. Elle l'embrasse, serrant si fort sa joue creuse qu'il ne sent pas la douceur de sa peau. Puis elle glisse la petite croix sur le front. Grand-Pap lui dit au revoir.

La porte se referme. Ils s'éloignent dans la cour. Pierre se tient debout dans le bureau du directeur, la valise à ses côtés, la girafe dans les bras. Le faire-part qui annonçait la naissance de Pascal

Marence, il l'a oublié dans la voiture. Son séjour à Crépy aura duré trois ans. Sylvie s'est mariée l'année dernière. Toute sa vie, il comptera.

CHAPITRE 3

Un intérieur propre et strictement ordonné, sans ces traces que laisse ça et là le mouvement de la vie, journal ouvert, jouet délaissé, vêtement oublié, une maison où on n'abandonnait rien de soi-même, ainsi ce lieu s'était imposé à Pierre.

Madame Detil les avait fait entrer, lui et l'assistante sociale. De taille moyenne, elle était un peu corpulente, mais raide dans sa contenance. Un instant, Pierre s'attacha à son regard, avec le sentiment que quelque chose restait caché.

Elle les conduisit au salon et appela ses enfants. Sa fille, Sylvie, apparut, suivie de Patrick, son frère aîné. Celui-ci, nonchalant, salua Pierre d'un signe de tête, puis s'assit sur une chaise. Sylvie restait à l'entrée de la pièce, jambes croisées, mains dans le dos, frêle silhouette qui s'effaçait pour qu'on ne la remarque pas. Pierre se sentait attiré par ce visage diaphane qu'envahissaient de grands yeux cernés. Leurs regards se croisèrent. Puis, se tournant vers sa mère, la petite fille baissa la tête devant son expression sévère.

Madame Detil appela Christophe. L'assistante sociale poussait Pierre en avant: "Voilà ton frère." Il s'inclina pour l'embrasser et celui-ci répondit à ce baiser avec maladresse. Enfouissant les mains dans les poches pour se donner une contenance, Pierre esquissa un sourire, car il devinait qu'on attendait de lui une manifestation de tendresse fraternelle.

C'était donc lui ce frère dont il se dessinait le visage ces derniers soirs au Foyer de l'Enfance! Un lien qui, croyait-il, le rendrait à une histoire. Si ce n'était celle de sa mère - ou celle de Jacques - au moins celle d'un exil partagé. Evénement modelé au fil des jours, rencontre qu'il imaginait d'une poignante émotion! Mais aucun souvenir ne les attachait, qui les aurait bouleversés de tendresse. Et il n'éprouvait qu'un désarroi mêlé de froideur. Avec la conscience aiguë que cette rencontre le laissait aussi démuni qu'auparavant.

L'assistante sociale transmettait des recommandations à la nourrice. Annonçant son départ, elle embrassa Pierre. Madame Detil la raccompagna. L'ayant suivie un instant, il resta seul dans l'entrée. Une nostalgie l'emportait au souvenir du dernier repas pris chez sa mère. Il y avait un mois à peine...

En novembre, elle était venue le voir au Foyer de l'Enfance avec son ami. Patrice Lemaire! Il le découvrait enfin. "A l'appartement, il y a un monsieur... Il ne veut pas d'enfant." avait-elle prétendu à Crépy. Elle aurait dû dire: il ne veut pas de garçon. Car sa soeur Corinne...

Patrice avait pourtant accepté qu'il vienne plusieurs week-ends à l'appartement de Sarcelles. Fugace illusion! Quelques semaines autour de Noël... Qu'il effaçait de sa mémoire!

Lorsque l'assistante sociale lui annonça qu'il ne passerait pas le week-end suivant chez sa mère, il affecta le détachement, comme si cette décision lui appartenait: "Je pense que je n'irai plus chez ma mère." Pour oublier les mots qu'elle avait prononcés.

Le soir même, il s'échappait du Foyer. Les lumières éteintes, il s'était glissé hors du dortoir. Le couloir à pas feutrés, puis l'escalier, sa rampe familière, ses marches qu'il décline d'un pas qui hésite à peine. Mais le silence hostile du vestibule, presque animé de présences tant l'obscurité modifie les perspectives ordinaires. Il ouvre la porte à double battant. Un courant d'air froid le gifle. Il s'engouffre dans la nuit d'hiver, incliné contre le vent, serrant son sac sur le ventre.

Quelques minutes il marche. Atteint l'Oise, s'engage sur le chemin de berge, longeant des péniches endormies. L'une glisse sur le fleuve, fanaux pâles, cabine éclairée d'ocre. Debout à la limite de l'eau, son sac délaissé, les deux poings fermés dans les poches de son blouson, il la regarde s'éloigner. Un vertige le berce, charme noir, la pensée d'un absolu sommeil; entre deux eaux, au fil des rives. Il ne sait ce qu'il attend. Ne sait ce qui l'attache encore... Autant le refus de Patrice que l'espoir de Jacques. Leurs visages s'entrecroisent et, si celui de sa mère les partage, tout en même temps il les dissimule.

Mais il ramasse son sac et se détache du fleuve. Emporté par quelques mots, fragiles, tendres, provocants: *croque la lune, croque la vie*. Sylvie... Justement, il vit! Avec une lassitude immense. Et pourtant, plus fort que lui, un désir le contraint de poursuivre... Il reprend le chemin du Foyer de l'Enfance. Dans le dortoir se déshabille. La chute d'une petite voiture s'échappant de son pantalon le fait sursauter. Il s'immobilise, redoutant des réveils indiscrets, puis, gagné par la fatigue, s'assied sur le parquet. Si Grand-Pap était à ses côtés! Avec le compagnon de ses rêves, s'en est allé son courage.

Quelques jours plus tard, il recevait un colis de Jacques. Pour son neuvième anniversaire, celui-ci faisait parvenir à son fils des friandises et un semi-remorque miniature. Le camion qu'il conduisait était de la même marque. Il pensait toujours à lui, mais ne savait s'il pourrait venir le voir. Aussi joignait-il sa photo, au milieu de copains routiers. On lui confiait maintenant des transports jusqu'au Moyen-Orient et ses trajets lui offraient d'étonnants paysages.

Quelques phrases suffisaient à élancer l'imagination. Dans son lit, sa main enserrant la lettre, il accompagnait les voyages de Jacques. Cet homme qui conduisait un puissant semi-remorque sur les routes du monde, renversait les murs étroits du vieux dortoir. Eclats de chrome, peintures rutilantes, crevaient la grisaille de l'hiver. Grondement des soupapes, vrombissement de sa course, déchiraient le silence et l'oubli. Un jour, sûrement, il emmènerait son fils dans ses prodigieux voyages.

A la fin de sa lettre, Jacques lui demandait une photo, car, depuis le temps, il avait sans doute changé... Mais il oubliait de donner son adresse.

Comment vivre d'une attente toujours repoussée? Il n'était plus d'aucun lien. Sylvie avait dit: "Pour moi, ça ne change rien." Mais il n'avait jamais vu son enfant. A qui s'attacher sinon à Christophe, ce frère de trois années plus jeune que lui. A partir des propos de sa mère, il imaginait la maison de son accueil, la famille qui l'entourait, le désarroi de cet être abandonné alors qu'il n'était qu'un bébé... Et s'inventait le bonheur d'indicibles retrouvailles.

A l'assistante sociale, il avait dit: "Je veux aller dans la même famille que mon petit frère. Il faut que je lui apprenne à lire." Et maintenant, dans l'entrée de cette maison qui semblait si différente de chez Mamie, dans cette pièce vide qui marquait sa nouvelle solitude, après avoir vu ce frère dont il préférerait déjà ignorer le visage sans expression... une évidence l'empoignait. Il n'avait souhaité ce placement que pour échapper à une perspective bien plus insupportable: sa mère ne le reprendrait jamais. Et il découvrait qu'à aucun moment il n'avait véritablement renoncé à cet espoir.

Sa mère! Fragile, belle, fuyante. Tellement opposée à l'image de madame Detil. C'était sa première journée dans cette maison. Combien de temps y resterait-il?

* *

*

Un temps désormais sans relief. Ici, rien ne bougeait. Etait-ce la constante réserve de la nourrice ou la rigueur de l'ordre qu'elle imposait à tous? A moins que ce ne soit le sentiment qu'il ne devait rien attendre de demain... Sa ligne d'horizon s'était effacée. Ne restait qu'aujourd'hui et cette morne obligation à vivre. "Tu vas aller en placement?" demandaient les pensionnaires du Foyer lorsque l'un d'eux annonçait son départ. Jamais il n'avait ressenti avec autant d'acuité cette condition d'enfant placé.

Une condition que tout marque dans la maison Detil. A commencer par la façon dont Christophe et lui doivent appeler la nourrice et son mari: *Madame Detil*, *Monsieur Detil*. Tandis que Patrick et Sylvie emploient les termes propres à des parents.

Sylvie! Un prénom que le destin, ironique, répète. L'une, l'indépendance du bonheur, l'autre, le silence qui se dérobe à l'amitié, interdite par sa mère. Et pourtant, le seul attachement qui s'offre à Pierre. Le fils de la nourrice, lui, reste inaccessible. Non pas à cause des quelques années qui les séparent, mais parce qu'il affecte de l'ignorer. Et que, dans cette maison, tout le distingue: sa chambre dont il interdit l'accès, ses copains qu'on entoure de politesses, ses succès scolaires et ses prouesses sportives qu'on commente durant les repas... Celui-là appartient aux Detil.

Et Pierre ne s'aventurerait pas à lui subtiliser sa place à table avant le repas, comme il l'a tenté pour Sylvie. Celle-ci semble si peu attachée à ces distinctions! Mais la nourrice est aussitôt intervenue: "C'est ma fille qui est là." Il s'est incliné devant l'ordre des choses: sa place à une extrémité de la table, celle de Christophe à l'autre, tandis que les enfants Detil, eux, font face à leurs parents.

Certains jouets lui sont aussi interdits. Sylvie propose-t-elle de lui prêter sa maison de poupée, sa mère s'interpose:

- Tu sais bien que je ne veux pas. On te l'a offerte à Noël et il ne faut pas l'abîmer.

La petite fille s'esquive. Et, dans la chambre qu'il partage avec Christophe, Pierre retrouve un ensemble hétéroclite de jouets usés par l'habitude, abandonnés à de passagers compagnons. Pour qu'on ne le surprenne pas dans cet état d'inoccupation qui suscite des questions intriguées, il étale sur le plancher voitures, soldats, éléments de construction dépareillés. Et, offrant ainsi l'apparence de s'absorber dans son jeu, il s'échappe en ses paysages intérieurs.

Parfois une mélancolie l'emporte. Il songe que l'atlas et l'encyclopédie de Moreau furent ses seuls véritables jouets. S'il ne les possédait pas en propre, ceux-ci l'attachaient à une familiarité. Que lui refusent monsieur et madame Detil.

- Je vais faire la vaisselle, lance Sylvie à la fin d'un repas plus gai que d'ordinaire.

- Eh bien, vas-y ma fille. Je ne m'occupe de rien.

- Moi, je vais essuyer, complète Patrick, arraché à sa nonchalance. Jusqu'à monsieur Detil qui, contrairement à son habitude, commence à desservir, tandis que la nourrice reste assise, un sourire sur les lèvres. Pierre les regarde: une famille, comme il ne l'a pas encore ressentie. Et lui, étranger qu'ils n'invitent pas à leur jeu. Il se sent pourtant plus ému que jaloux. Et, emporté par une tendresse pour ces êtres, il annonce soudain:

- Je vais ranger.

Monsieur Detil le considère. Il y a de l'étonnement dans ses yeux et aussi, fugitive, presque une sollicitude. Que vient rompre la voix de sa femme.

- Non, va faire ta toilette. Et occupe-toi de Christophe.

Pierre cherche le regard de monsieur Detil - mais celui-ci se dérobe - veut croire encore qu'on cédera à son insistance - mais la nourrice ne revient jamais sur un ordre - et se résout à quitter la pièce. A peine s'il entend Madame Detil ajouter: "Ca me soulagera autant." Dans cette maison, le nom des Mallard semble de trop lorsque l'affection se dévoile

Tout comme il semble impossible de lui accorder une responsabilité.

- Tu vas aller chercher un pain.

Madame Detil a coutume de confier certaines commissions à Sylvie. Celle-ci rechigne parfois: "Il fait froid." et, comme sa mère la presse: "Dépêche-toi, ça va fermer." elle sollicite Pierre du regard. Il prendrait bien sa place. Parcourir les rues sans surveillance, détailler les vitrines! Miettes de liberté. Prudent, il propose:

- Je vais l'accompagner.

La nourrice balance. Et puis tranche.

- Non, je veux que Sylvie se débrouille seule.

Un instant il hésite. Et enfin lance:

- Une fois, je pourrai faire les courses?

Madame Detil le dévisage, un sourire sur les lèvres, prêt de se transformer en éclat de rire, avec une phrase du genre: "Quand tu as une idée en tête..." Mais elle se reprend, ne lui concède qu'un vague: "On verra." et, tandis qu'il s'éloigne, ne peut s'empêcher de commenter: "Faudrait d'abord que tu sois plus sage."

Car la révolte, qui parfois l'anime, vaut bien les défis silencieux qu'il lançait à Mamie. "Ton regard sournois." dit la nourrice lorsque, de colère contenue, il se fige à l'annonce de la punition coutumière aux Detil. Elle le pousse contre le mur de la salle à manger et le force à plier. Il faiblit peu à peu sous la poigne puissante, jusqu'à ce que ses genoux viennent toucher le bois maudit. Le protège-mur!

Pour préserver les tapisseries des dossiers de chaise, monsieur et madame Detil ont placé contre les murs de longues et fines barres posées sur des tasseaux courts. Ils y agenouillent les enfants désobéissants, visage contre le mur, mains dans le dos. Alors que Sylvie ou Christophe souvent pleurent, Pierre reste immobile, le regard collé aux dessins de la tapisserie, à s'en meurtrir les yeux. La nourrice à peine sortie de la salle à manger, il s'assied, reprenant précipitamment la position au bruit d'un pas.

Parfois, elle le surprend et lui inflige une station prolongée. Il ne désempare pas. La résolution de madame Detil nourrit sa haine. Elle peut bien prétendre que la punition s'applique à chacun avec une égale sévérité! Dans cette maison vivent deux sortes d'enfants: les vrais et les Mallard.

Une course la conduit-elle près de l'école, madame Detil vient y chercher les enfants. Sur le chemin du retour, elle rencontre des connaissances. Elle affectionne alors de parler des enfants Mallard et sa voix, si froide à la maison, exprime une attention dévouée.

- On m'a confié Pierre pour qu'il retrouve son frère. Il a été malmené avant d'arriver ici. Placé à cinq ans! Christophe, c'est encore pire. Un bout de chou quand je l'ai pris... Pierre, on l'a d'abord mis chez un couple âgé. Ils ne s'en sortaient pas.

Pierre frémit. Avec quelle commisération la nourrice considère Grand-Pap et Mamie! Il s'éloigne de quelques pas, prêt de s'échapper.

- Va pas te faire écraser, dit-elle, affectant la bienveillance. Donne-moi la main.

Il hésite un instant. Mais l'expression de la nourrice est trop impérieuse pour qu'il puisse l'ignorer. Il la rejoint, ne lui offrant qu'un visage maussade, puis s'absorbant dans le spectacle de la rue. Etroite, les voitures s'y croisent à vitesse réduite et il dévisage leurs occupants pour se dérober aux propos de la nourrice.

- Pensez-vous, sa mère a essayé de le reprendre! Elle en est bien incapable. Il a passé quelques week-ends chez elle. Et... terminé! Elle n'en voulait plus.

Un sentiment d'indignation secoue l'assemblée. On attend la suite. Madame Detil reprend, sur le ton de la confidence.

- Faut dire que cette pauvre femme a eu bien des difficultés. Son mari la battait. On ne connaît pas notre bonheur... Lui, certains jours, il...

Elle parcourt l'assemblée, puis baisse encore la voix pour que les enfants n'entendent pas. Susurrant quelques mots à l'oreille de la femme la plus proche, qui ouvre la bouche en rond et passe à sa voisine.

Une tension raidit Pierre. Pour Jacques, la nourrice a les mots les plus durs! Et cette comédie de la révélation murmurée leur confère plus de poids encore. Il se rejette en arrière. Madame Detil le ramène à elle d'un geste vigoureux.

- Qu'est-ce qu'il y a, Pierre?

Elle le couvre d'un sourire. Presque, elle le serrerait contre son corps avec une compassion doucereuse. Il voudrait l'envoyer s'étaler sur le trottoir au milieu de ses connaissances. Mais, puissant, son poignet l'enserre. Et, sans rien laisser paraître de son effort pour le contraindre, elle poursuit:

- Ensuite, sa mère s'est mise en ménage avec un autre homme. Sans le prévenir qu'il y avait des enfants... Ca se comprend qu'il ne les ait pas acceptés comme ça.

A la seule évocation de Patrice, la douleur l'élance. Les images se bousculent. Ces images qu'il voudrait oublier. Comme s'il n'avait jamais rencontré cet homme... Mais les traits de son visage se sont imprimés en lui depuis leur rencontre au Foyer de l'Enfance. Cet instant où, poussant la porte du parloir, il les avait vus: tous trois qui formaient une famille et le considéraient comme un étranger. Sa soeur Corinne, presque hostile, qu'il ne reconnaissait pas, sa mère, étriquée sur une chaise, trop fardée, avec un manteau trop coloré. Et lui! Grand, maigre, puissant, le regard entre la tristesse et la dureté. Le connaissait-il? Il n'avait pu décider, tant la violence des sentiments l'emportait. Sa mère l'avait embrassé avec une pudeur maladroite, puis avait obligé Corinne à faire de même. Enfin: "C'est Patrice." dit-elle avec un élan de gaieté. De ses bras écartés, elle semblait vouloir les rassembler. Mais, quand leurs mains se touchèrent, s'offrant mal l'une à l'autre, son sourire s'effaça. Confuse, elle murmura:

- Il voulait te voir... Je t'ai déjà parlé de lui.

- Patrice comment? demanda-t-il.

Stupéfaite, elle le considéra. Sans doute ne savait-elle pas qu'au Foyer de l'Enfance un prénom isolé ne suffisait pas... Mais lui-même n'aurait su donner une raison. Seulement la nécessité qui emportait sa question. Et, comme elle semblait se refuser à une réponse, sollicitant Patrice du regard, ce dernier précisa:

- Lemaire.

Patrice Lemaire! Disant cela, son visage s'était troublé un instant, puis une raideur l'avait figé: comme s'il repoussait une vision insupportable, dont il essayait de lui attribuer l'origine. A lui, Pierre Mallard! La responsabilité d'un refus, presque d'une faute. Campé sur ses jambes, il soutenait son regard, terrifiante évidence contre laquelle il luttait... Et brusquement, il rompit ce face à face. Vaincu par cet homme. Cette haine hors de laquelle il ne pourrait plus exister.

Cependant sa mère l'invitait à s'asseoir.

- Comment ça va? Tu as bien reçu mon colis?

Mais, lui, demandait des nouvelles de son frère. Elle répondit à la hâte: "Christophe? Ca va bien." Il voulait en savoir plus: "Il est où?" Elle, gênée: "Chez madame Detil, à Survilliers." Enchaînant aussitôt: "Est-ce que tu t'es fait des camarades ici? L'assistante sociale dit que tu dors bien et que tu manges bien." Le regard perdu dans la contemplation d'une gravure ancienne, il concéda: "Oui, oui." puis demanda l'âge de Christophe. "Quatre ans maintenant." répondit sa mère, insatisfaite. "Pourquoi tu ne parles que de Christophe? C'est pour toi que je suis venu."

Une pudeur le retenait devant cet homme. Et puis, évoquer Christophe, c'était rappeler la place de Jacques. Christophe Mallard, son fils. Façon de défier celui qui se tenait au côté de sa mère.

- Moi, j'ai six ans. On s'en va bientôt, maman? lança Corinne, impatiente. Elle cherchait une approbation dans le regard de Patrice et ce dernier lui accorda un sourire en retour. Il ressentit douloureusement cette complicité.

Sa mère continuait de parler, s'arrêtant puis trouvant autre chose. Sans qu'il l'écoute. Le temps passait et il n'avait pas posé la seule question qui comptait. Plusieurs fois, Patrice avait repoussé sa manche pour regarder l'heure. Maintenant, il allait à la fenêtre, puis revenait vers eux et repartait encore. Il annonça soudain:

- Il va falloir y aller, si on ne veut pas rater le train.

Sa mère lui donna un paquet de bonbons, caressant sa joue. Lui, ne songeait qu'à sa question. Et, tandis qu'elle l'embrassait, l'enserrant avec une émotion pénible, il s'élança:

- Quand je rentrerai à l'appartement?

Frémissante, elle eut un mouvement de recul. Il lisait la peur sur son visage. D'un geste brusque, elle saisit son sac par terre, repoussant la mèche qui s'échappait de son foulard. Se tournant vers Patrice. La réponse lui appartenait.

- Quand tu seras gentil. Ta mère n'a pas toujours eu la vie facile avec toi... Et tu as fait des bêtises à Crépy... Moi, je veux que mon...

Il s'était troublé. Puis, se reprenant:

- Je ne veux pas d'un garçon qui vole et qui ment. Fais d'abord un effort.

La sentence était tombée. Avant même que Patrice n'ait parlé, il en avait pressenti l'évidence. Sans en imaginer la douleur à ce point! Le vide dans sa tête, son corps paralysé, les larmes qui montaient. Pour que cet homme ne les voit pas, il se détourna. Et, avec l'énergie du désespoir, se dirigea lentement vers la porte. A demie ouverte, il la heurta au passage. Dans son dos, un cri étouffé. Une douleur brutale à l'épaule. Mais il n'en ferait rien paraître. S'éloignant comme un automate.

Dans le couloir, les derniers paroles de Patrice lui parvinrent, lointaines: "Tu vois comment il est... Coléreux, aucune affection. Je te l'avais dit."

Ses mains enfoncées dans les poches. A les faire éclater! Il marchait sur le bitume, sans précipitation. Ne pas courir, marcher, sans pleurer, pleurer... Pas d'affection... Ne pleurait pas. N'aurait plus d'affection!

... Une semaine plus tard, il apprenait qu'il irait chez sa mère le week-end suivant. L'assistante sociale essaya d'expliquer: " Elle a sans doute réussi à convaincre son ami... Après t'avoir rencontré, il a accepté d'essayer." A ces paroles rassurantes, pouvait-il opposer les mots de Patrice? N'était-il pas un menteur? Qui aurait rejeté la chance qu'on lui offrait! Entre l'espoir et la peur, une nausée le soulevait.

Patrice Lemaire ne connaît pas Christophe. Christophe Mallard, l'enfant de Jacques! Lorsque celui-ci le tenait dans ses bras, il disait: "Mon bébé à moi." Et, si Pierre se rappelait à son attention, il ajoutait: "Ah!... Toi et moi, c'est une autre histoire." Des mots étranges, emplis de tendresse. Accompagnés d'une dérision sur les lèvres.

Et ses garçons sont placés, tandis que sa fille...

- Corinne, elle aime bien Patrice, dit-il à Christophe.

Les deux frères sont assis côte à côte dans l'étroit cagibi où monsieur Detil entrepose les fruits de l'automne et range ses outils de jardin. Evoquant sa soeur, Pierre ne sait plus ce qui domine, de l'amertume ou du bonheur. Il retrouve l'image d'une petite fille aux cheveux courts, noirs comme le jais. D'un regard grand ouvert et d'un air d'insolence.

Christophe le tire par le pull-over et, désignant la brosse à cirage dans son dos, demande:

- Qui c'est Corinne?

- Ta soeur! jette Pierre avec une impatience narquoise. Et il lui tend la brosse.

- Tu as encore emmêlé les lacets.

Christophe pouffe de rire et confie à son frère la chaussure incriminée. Une fois par semaine, ils doivent cirer les souliers de tous les enfants de la maison. Pierre s'est rangé à l'idée qu'il s'agissait d'une responsabilité accordée, à l'égal des courses dont on charge Sylvie. Et il s'applique dans sa tâche, que la nourrice ponctue d'une marque de satisfaction: "C'est très bien, Pierre. Pour ça, tu me fais plaisir."

- Tu as oublié de la terre, fait-il remarquer à Christophe.

Il prend la chaussure des mains de son frère et la brosse en quelques coups. Ce dernier le considère en silence, puis commente avec un soupir:

- Je la connais pas Corinne. Elle est gentille?

Pierre retrouve les images du premier week-end à Sarcelles. Dés son arrivée, sa mère l'avait conduit dans la chambre de sa soeur. "Joue avec Corinne. Je dois parler à l'assistante sociale." Que pouvaient-ils se dire? Le passé les distinguait plus sûrement que des inconnus. Pour se donner une contenance, il avait entrepris de feuilleter un illustré. Corinne s'était soudainement levée, attrapant la poupée qui traînait à ses côtés. Le pouce dans la bouche, campée sur ses jambes nues, elle semblait le défier. Un désarroi immense l'avait saisi. Pour sa soeur, il n'était qu'un étranger.

- Tu te souviens de Jacques?

Christophe fait non de la tête et Pierre poursuit: "Tu étais trop petit. Corinne aussi l'a oublié. C'est pour ça qu'elle dit papa à Patrice." Occupé à replacer un lacet dans ses oeillets,

Christophe l'écoute à peine. Mais Pierre ne parle que pour lui-même: "Elle ne sait même pas pourquoi elle est restée à la maison." Lorsqu'il l'avait interrogée, Corinne n'avait pu fournir que cette réponse désarmée: "Ce n'est pas ma faute, tu sais." Cette phrase, il mit plusieurs jours à l'accepter. Et puis, douce-amère, une évidence s'était peu à peu imposée à lui: il n'était pas seul à exister. Sa soeur aussi n'avait pas choisi. Au-delà des trajectoires qui les séparaient, ils appartenaient à la même déchirure.

Les efforts de Christophe ont abouti à un comique entremêlement. Il tend sa chaussure à Pierre, qui la jette dans son dos d'un geste désinvolte, avec, sur le visage, l'expression d'une stupéfaction feinte. Ensemble, ils éclatent d'un rire étouffé.

Mains qui se frôlent, membres qui s'étirent dans un soupir, bruits feutrés, le silence les entoure, avec les voix lointaines des êtres de cette maison. Dans ce refuge, ils leur échappent. Et Pierre oublie un instant l'image de son frère, qui d'ordinaire l'obsède...

Une vision que chaque jour répète: Christophe assis sur son pot, prostré. Le pouce dans la bouche, une main caressant mollement le sol, le regard égaré sur un point de la tapisserie ou suivant sans expression les corps qui passent à son alentour. L'interminable séance s'achève sans résultat et, le lendemain, le pyjama est souillé par les excréments. Madame Detil l'envoie le nettoyer et se laver dans la salle de bain. Il y laisse une odeur puissante. Qui l'accompagne. On se détourne sur son passage.

Puis, quelques jours durant, une constipation le tient, avant que ne se rompe brutalement le barrage de son corps. Une diarrhée se déclare, le salissant plusieurs soirs de suite. Il se vide de lui-même. N'y pouvant rien, même à l'école. Les enfants y parlent de lui avec des sous-entendus où l'effroi le dispute à la raillerie, le qualifiant de *fou-dingue* ou se gaussant du *cacateux*. Pierre serre les poings, balançant entre la rage de venger l'insulte et l'affectation de ne pas être concerné.

Il s'attribue les marques de l'humiliation infligée à son frère. Honteux de le croiser assis sur son pot dans le couloir de l'entrée, exposé au regard de tous, dénudé sur cette partie du corps que d'ordinaire on dissimule. Et si, en certaines occasions, il s'oblige à l'accompagner d'un jeu silencieux et confiné, lui aussi se détourne bientôt, repoussé par l'odeur âcre.

A voix basse, monsieur et madame Detil évoquent une maladie fatale. Par bribes, Pierre reconstitue leur propos, attribuant à chaque mot un sens absolu. Le corps de son frère lui semble la proie d'une possession, monstrueuse inconnue qui dévore sa victime.

Au retour de l'école, Christophe prend son goûter en silence, quitte la table et va s'asseoir sur le canapé. Seul Pierre peut l'arracher à son hébétude. Encore lui faut-il le secours de la nourrice. Il la sollicite. Elle ordonne: "Va jouer avec ton grand frère." Il l'entraîne dans leur chambre.

Lorsqu'il dispose sur le parquet voitures, soldats et cubes de construction, Christophe semble s'animer. Mais son intérêt retombe bientôt. Pierre en vient à l'oublier pour ne plus goûter que l'envoûtement de l'histoire qu'il invente. Et, lorsqu'il le bouscule dans le mouvement d'un camion lancé à travers le désert, cette présence inerte n'est plus qu'un obstacle, qu'il repousse d'un grognement: "Pousse-toi."

Alors, mollement ce corps se déplace, presque une ombre. Hors le sourire que lui arrache parfois son ours gris, rien n'anime plus ce visage immobile.

Pierre Mallard, frère de Christophe Mallard! La douleur parfois le noie. L'un et l'autre, pourquoi sa mère les a-t-elle rejetés? Il voudrait emporter son frère dans la puissance de son désir; plus fort que les coups qu'elle lui a portés, plus fort que son abandon et les mots qu'elle a osés prononcer... il l'aime encore. Lui revient cette mélodie qu'elle fredonnait à Sarcelles. Ce premier dimanche après-midi à l'appartement, lorsque Patrice était parti travailler. Esquisse des sentiments qu'on apprivoise, leurs gestes à l'un et à l'autre se teintaient d'attention, leurs regards échangeaient des sourires. Elle avait reprit une chanson que la radio venait de diffuser et sa voix s'envolait dans l'appartement, filet fragile mais clair. Il croyait reconnaître un air très ancien, n'osant rompre d'une question cette mélodie heureuse, enchantement qui aurait dissipé les maléfices du passé.

Après le souper, elle l'avait raccompagné avec Corinne jusqu'à l'autobus qui le ramènerait au Foyer de l'Enfance. Les trottoirs mouillés brillaient sous les lampadaires. Tenant sa soeur d'une main, avec sa mère il la soulevait au-dessus des flaques d'eau. Ce soir de décembre était tendre et l'avenir s'ouvrait à lui.

Sa mère lui avait dit:

- Tu as été sage... Je suis contente.

- Je pourrais revenir?

- Je crois... Mais elle s'assombrit: "Patrice ne m'a rien dit."

Il lâcha sa main, se séparant d'elle. Longuement, elle s'était tue. Puis, pressant le pas pour cacher son émotion, elle glissa:

- Je lui en parlerai... J'ai envie de te revoir.

Pourquoi avait-elle ensuite oublié le bonheur de ce premier dimanche?..

CHAPITRE 4

Du bâtiment en briques rouges, tristes de pluie l'hiver, de la cour qui le devançait, entourée d'un muret bas, avec une grille bleue ardoise et des tilleuls ronds, de ce lieu émanait la profonde sécurité qu'on ressent devant ce qui semble exister de toujours. Et Pierre, oubliant la maison des Detil et l'ombre de son histoire, trouvait une magie bienheureuse aux heures qui s'y écoulaient.

Comme d'habitude, dés son arrivée il se plongea dans un livre. Récit enfantin, chapitre d'histoire ou de géographie, l'introduisaient en ses contrées imaginaires. Et, ni les allées et venues de ses camarades qui s'installaient à leur pupitre, ni ce brouhaha qui emplissait la classe avant l'arrivée du maître, ne pouvaient l'en distraire. Chaîne des Andes enneigée, citadelles abruptes des Maures, voyages sur l'Amazone, capes de mousquetaires flamboyantes... dans ces mondes disparus ou lointains, rien ne le menaçait, nul ne le contraignait. Sa vie, il l'inventait.

Monsieur Lavigne s'était approché sans bruit. Il s'accroupit devant son pupitre: "Eh! Reviens avec nous... C'est bien la lecture, mais on existe aussi." D'un geste ample, il balayait l'espace alentour. Le ton de sa voix était bas, comme un murmure, pour ne pas déranger les autres élèves. Pierre releva la tête, rencontrant le regard de l'instituteur. Un regard d'une telle complicité qu'il aurait volontiers partagé les pensées de son voyage.

Cependant, monsieur Lavigne rappelait son rêve à la chronologie de l'histoire. Pour situer une époque, tous deux parcoururent des yeux une banderole cartonnée sur le mur d'en face. Chaque couleur correspondait à une période et les principaux événements figuraient sous la forme de symboles. Ensemble leurs yeux se levaient, le doigt du maître indiquait une direction, l'enfant avançait une réponse, l'adulte approuvait d'un sourire. Par cette patience, Pierre se laissait guider. Il en acceptait l'autorité, qui ne retranchait rien à son indépendance.

Quelques jours plus tôt, il avait découvert sur la pochette d'un disque le texte d'une chanson auquel il accordait la valeur d'un poème. Il imagina d'abord l'adresser à Jacques. Mais comment lui faire parvenir? Et c'est à monsieur Lavigne qu'en définitive il résolut de l'offrir. Destinataires mêlés, l'un si lointain, inaccessible, l'autre dont la tendresse affleurait dans le regard.

Il composa son texte avec soin, disposant rigoureusement les caractères en plomb de la petite imprimerie et jouant sur les tailles d'espaces pour obtenir une symétrie parfaite. Le premier exemplaire sorti de la presse à main, une pudeur le retenait encore. Puis il s'élança vers le bureau de l'instituteur et lui tendit son oeuvre.

"*Fils de bourgeois*
Ou fils d'apôtre
Tous les enfants sont comme les autres
Fils de César
Ou fils de rien
Tous les enfants sont comme le tien."

- Ce n'est pas "*Tous les enfants sont comme les autres*", mais "*Tous les enfants sont comme les vôtres*", fit remarquer monsieur Lavigne.

Pierre ne put retenir un haussement d'épaule désinvolte, pourtant trahi par le ton de sa voix.

- Ah... C'est trop tard.

- Ca n'a pas d'importance, le rassura l'instituteur. Ce qui compte, c'est la façon dont on entend les mots.

Pierre était retourné à l'imprimerie, troublé par son erreur. *Comme les autres*, cela signifiait pourtant bien que tous les enfants étaient semblables, qu'ils appartiennent à une vraie famille ou à une famille de remplacement. Même les *fils de rien*! Les paroles du chanteur nourrissaient en lui un fol espoir. Regardant la pochette du disque, un bonheur le submergeait devant la beauté du visage entrevu. Cet homme chantait son fils, un fils qu'il aurait pu être, lui... Comme monsieur Lavigne pourrait...

Souvent, le soir, Pierre abandonnait la classe avec retard. Il rangeait lentement ses affaires, retenant encore la fin de la journée. Seul avec l'instituteur, il suivait son visage à la dérobée, ses gestes pour rassembler les cahiers ou passer l'éponge sur le tableau.

Le fils de monsieur Lavigne arrivait. Plus jeune, David l'avait d'emblée sollicité avec naturel. Et, imaginant monsieur Lavigne à leur écoute, Pierre se plaisait dans un rôle d'aîné bienveillant. Allant parfois jusqu'à penser qu'un jour, pour des raisons qui restaient à inventer, David l'inviterait chez lui... Rêve entre le plaisir et la tristesse qu'il ne se réalise. Et, lorsque celle-ci l'emportait, il se rangeait à l'idée qu'au moins David ne cherchait pas à troubler la complicité silencieuse qui le liait à l'instituteur.

Un jour pourtant, prenant prétexte d'une phrase inscrite sur le tableau: *Mon ami portait le même prénom que son père.* David demanda:

- C'est quoi le prénom de ton père?

- Je n'ai pas de père, répliqua Pierre avec une brusquerie qui étonna David.

- Monsieur Detil n'est pas ton père?

Il ne répondit pas et ramassa ses affaires, fébrilement. Mais le fils de l'instituteur ne désemparait pas. Malgré la présence de son père, Pierre allait le repousser, lorsque monsieur Lavigne, occupé à ranger les tiroirs de son bureau, intima d'une voix lointaine:

- Ta mère t'attend, David.

Puis, il prit son cartable et se dirigea vers la porte. David s'était échappé. Monsieur Lavigne attendait pour fermer la classe. Pierre le rejoignit en traînant le pas. Dans le couloir, pourtant, il s'accorda à son allure. L'instituteur lui jeta un regard amusé.

- Tu es fâché?

Maugréant, l'enfant concéda:

- Non, non. Ca va...

- David doit être un peu jaloux, glissa monsieur Lavigne. Cette confidence moqueuse le dérida. Il esquissa un sourire entendu.

- Peut-être...

Déjà l'instituteur le quittait d'un signe de la main.

- Je crois qu'il n'a pas tout à fait tort. Tu mériterais bien d'avoir un père.

Façon de laisser affleurer le sentiment pour qu'on le garde secrète promesse. Monsieur Lavigne savait les mots qu'il fallait prononcer.

Mais l'école s'éloignait. La silhouette de l'instituteur s'effaçait dans ce lent virage. Une déchirure qui se renouvelait. Entre le désir de le rejoindre en courant et, triste, le renoncement. Il fallait retrouver cette maison.

Le goûter avec madame Detil. Les devoirs dans la salle à manger. Christophe qu'il essayait d'occuper, Sylvie, docile compagne. Se laissaient-ils emporter par une joyeuse excitation, la nourrice les rappelait à plus de mesure. Pierre rejoignait sa chambre.

Ensuite, le repas dans la cuisine. Courtes phrases autour des plats à passer, de l'assiette à finir, des mains sur la table. Monsieur Detil se taisait. Madame Detil posait de rares questions. Patrick racontait un événement qui le mettait en valeur, raillait un camarade, se plaignait d'une sanction injuste. Pierre regardait son frère manger. Si celui-ci s'interrompait, il le sollicitait du regard pour éviter une intervention de la nourrice. Et lui-même s'obligeait à une constante retenue, le corps tendu dans un calcul des gestes, afin de ne point provoquer la maladresse qui l'aurait fait remarquer.

De sa place, il entrevoyait le salon. Le mur du fond était occupé par des gravures anciennes. Un tableau de grande dimension représentait une femme dans un champ. Inclinée, le dos arrondi, d'une main elle tenait son tablier relevé, et l'autre, entrouverte, rasait le sol. "Ma grand-mère était glaneuse." avait expliqué madame Detil. A côté du tableau, la photo d'une maison avec un groupe d'hommes endimanchés, puis l'intérieur d'une forge, des bâtiments d'usine surmontés de hautes cheminées, enfin, une coulée à la sortie d'un haut fourneau. Séparé de cet ensemble par la cheminée, des photos de famille: les parents de monsieur et madame Detil, le mariage de ces derniers, leurs deux enfants.

Aux questions de Pierre, madame Detil avait répondu sans réserve. Visiblement heureuse qu'il s'intéresse à ces reproductions.

- Ma mère venait de la ferme. Mon père était métallurgiste en Lorraine, un métier exigeant. Avec des hommes durs comme le métal qu'ils travaillaient.

Elle avait précisé:

- C'est mon père qui parlait comme ça.

Poursuivant aussitôt:

- Il y avait sept enfants à la maison. J'ai reçu de l'instruction, mais pour le reste la vie était sans facilité... Pas comme maintenant.

Elle, si fermée d'habitude, ne retenait plus sa confidence. Et, comme si elle voulait justifier sa conduite, elle ajouta:

- Je suis sévère avec vous parce que j'ai été élevée dans la discipline.

Elle était restée songeuse un instant. Puis avait repris:

- Mais mon père ne m'a jamais frappée.

- Pourtant, tu m'avais dit... s'étonna monsieur Detil.

- Que j'avais peur de lui? Oui, mais je n'avais pas besoin de coups. Il suffisait de regarder ses yeux...

Pierre avait interrogé monsieur Detil à son tour.

- Oh! Mon père était employé de bureau, avait-il répondu sur le ton de la dérision. Comme moi... C'est pour ça que je n'ai pas de photos de son travail. Des dossiers sur un bureau, ça manque de grandeur.

Madame Detil avait haussé les épaules. Cette façon de se déconsidérer ne lui plaisait pas. Et, sur son visage, Pierre avait lu une colère mêlée de tristesse.

- Il n'y a pas de sot métier, pourvu qu'on le fasse bien.

Il l'avait un jour entendue dire à une voisine: "Mon père m'a appris la fierté."

Quand elle évoquait son histoire familiale, la nourrice forçait son respect. Parfois même il ne pouvait se défendre d'une tendresse. Pourquoi dissimulait-elle ses sentiments sous tant de raideur? Il aurait parfois voulu s'élancer vers elle...

Mais le repas s'achevait en silence. Lorsque les adultes avaient fini, on montait à l'étage. Tandis que, dans la salle de bain, la nourrice terminait la toilette de son frère, Pierre entrouvrait la porte pour lui dire bonsoir. Elle répondait, ils ne s'embrassaient pas. Le bonsoir de sa mère... Dans la chambre, il prenait un livre. Madame Detil couchait Christophe. Le lit que Mamie bordait, la petite croix sur le front, sa peau relâchée sur la joue... "Je ne veux plus vous entendre." disait la nourrice. Pierre déposait son livre, glissant les mains sous la tête. La lumière s'éteignait.

La nuit lui offrait son intimité et les bruits de la maison lui parvenaient étouffés, lointains repères qui déterminaient la profondeur du silence environnant. Il n'était pas chez lui, mais à la charge de ces êtres auxquels il ne pourrait jamais rendre son dû. Enfant moins enfant que les autres, dans sa cache, il rassemblait son existence.

Ce soir-là, comme d'autres avant, le sommeil le fuyait. Monsieur et madame Detil étaient montés se coucher depuis quelque temps. Il se glissa jusqu'à la salle de bain. La négligence de monsieur Detil pour l'argent nécessaire à ses trajets de banlieusard était de notoriété familiale. Madame Detil lui reprochait assez sa désinvolture quand elle découvrait de la monnaie dans l'un de ses vêtements à laver. Pierre fouilla son pantalon, prélevant quelques pièces.

Le porte-monnaie de madame Detil constituait une autre source de revenu. Instruit par ses expériences de Crépy, l'enfant n'y dérobait que des sommes insignifiantes, mais avec régularité. Et puis, il y avait l'argent de poche de la DDASS. Madame Detil, qui tenait un livret d'épargne à son nom, ne le dispensait qu'avec parcimonie, à l'occasion des fêtes dont Survilliers était le théâtre. Pour arrondir son butin, Pierre se privait d'un tour de manège ou chapardait une friandise à l'étalage. S'étonnait-on de le voir revenir les mains vides, il jouait le distrait ou prétendait: "Ca y est, je l'ai mangé." Cette dissimulation le ravissait. A la rigueur de la nourrice, il répondait par l'organisation méticuleuse de ses prélèvements.

Ayant regagné son lit, Pierre évalua son trésor avec satisfaction: en pâtisseries, il disposait de plusieurs semaines d'avance. Demain après-midi, le cours de gymnastique séparerait garçons et filles. Il quitterait l'école plus tôt que Sylvie et pourrait s'acheter un croissant aux amandes. Puis il se promènerait dans la rue qui menait à la place de la mairie. Déambulation rituelle, qu'il goûtait avec ferveur.

Le lendemain, il croisa une voisine. "C'est bon?" demanda-t-elle. Il hocha la tête et, trop occupé de son plaisir, l'oublia. Le soir même, Madame Detil l'interrogeait en présence de son mari. "Comment fais-tu pour te payer des pâtisseries?... Et ne nie pas. On t'a vu."

Bien entendu, il nia. Comme à Crépy. Mais ce n'était plus le bonsoir de Mamie qu'il craignait de perdre. Il défiait les menaces de la nourrice, ne lui accordant qu'un silence immobile. Interrogatoires et punitions se succédèrent. Bientôt redoublées par de nouveaux chapardages. Il ne désemparait pas.

Parfois sa révolte éclatait. Dans le potager de monsieur Detil, il saccageait alors une rangée de légumes. Renouvelant l'affront infligé à Grand-Pap, avec une haine mêlée de désespoir. Il maudissait le mari de la nourrice.

Pour châtier le forfait, monsieur Detil frappait sans retenue, décuplant sa rage. Et pourtant, il continuait de l'accepter dans son potager et parfois même l'invitait à l'y rejoindre. Avait-il deviné que le jardin était pour Pierre le lieu d'un certain bonheur?

L'ayant suivi, celui-ci demandait d'abord:

- Qu'est-ce que je fais?

Monsieur Detil préparait des semis.

- Mais ce que tu veux. Ici, c'est pour le plaisir. Moi je fais ce que j'aime.

Dans cette irrésolution à laquelle on le laissait, Pierre retrouvait la légèreté coutumière de Grand-Pap. Il parcourait le jardin en tous sens, arrachait les herbes au pied des arbres fruitiers, ramassait quelques fanes. Ouvrage silencieux qui l'apaisait. Les cages à lapins l'attiraient quelque temps; il les regardait grignoter leurs herbes, froncer le museau, s'asseoir sur le train arrière en frissonnant du poil. Puis il retournait à son travail, traquant de-ci de-là le chiendent de l'allée.

Ce jour-là, la matinée avait débuté fraîchement, puis s'était réchauffée sous un soleil presque printanier.

- Enlève donc ton manteau, lança monsieur Detil.

- Mais... madame Detil m'a dit de le garder.

- Madame Detil sait que dans le jardin je décide. Profites-en!

Il évitait le regard de Pierre. Comme si ses sentiments restaient malaisés.

- Tu crois que je ne te vois pas à la maison. T'es comme un poney sauvage. T'aimes pas les commandements...

Un silence. En veine de complicité, Monsieur Detil poursuivait:

- On fait pas tout ce qu'on veut dans la vie. Moi non plus. Faut plier. Et se donner un coin à soi.

Il mesura d'un regard circulaire la zone d'ombre que projetait sur eux la maison voisine: " Allez, va courir au soleil." Pierre posa son manteau sur le manche de la bêche et s'échappa. A l'instant, cet homme, il l'aurait bien embrassé de bonheur!

Tout au long de la matinée, il revint le solliciter. Un espoir l'avait soulevé, qui peu à peu retombait devant les réticences qu'on lui opposait. S'intéressait-il aux plantations, monsieur Detil ne répondait que brièvement. Voulait-il en savoir plus sur son travail, celui-ci se répandait en propos amers. Et, lorsqu'en retour il avait évoqué le métier de Grand-Pap, monsieur Detil aussitôt se rétracta.

- Je n'ai pas la chance... ou l'imagination de ton Grand-Pap. Quand je suis à mon travail, j'attends la fin de la journée, rien d'autre.

Et, se détournant de son regard, il voulut rompre d'une boutade.

- Je t'ai dit: chacun son coin. Faut rien demander de plus.

Chacun son coin! Pierre préférait les maximes de Grand-Pap. Monsieur Detil, lui, se dérobait au sentiment. Sous la détermination de la nourrice, il sentait au moins un désir. Car, en certaines occasions, c'était d'étonnantes réponses qu'elle apportait à son attente...

- Quand je serai grand, je vous tuerai, lui avait-il lancé un jour.

Sous son matelas, elle venait de trouver des planches de timbres qui appartenaient à Sylvie. D'ordinaire, elle se contenait et dispensait ses réprimandes avec froideur. Là, sa colère éclata.

- Pourquoi tu t'en prends toujours à ma fille? C'est pas une vie pour elle.

Que pouvait-il répondre? Qu'il avait trouvé ces timbres dispersés au fond d'une malle? Qu'il ne ressentait aucune hostilité à l'égard de Sylvie et que seul le sentiment d'être de trop...

- Et moi, est-ce que je vis chez vous?

Le reproche la blessa à ce point qu'elle lui jeta les planches cartonnées à la figure. Il en reçut une au front, les timbres s'éparpillèrent alentours et sur ses vêtements.

Et c'est alors qu'il avait laissé libre cours à ce sentiment meurtrier. Exprimant l'inconcevable... Stupéfaite, elle s'était figée. Et lui de même, saisi par le terrifiant caractère de sa menace. D'une main, elle enserra son épaule, le poussant vers sa chambre. Pierre sentait ses doigts se raidir, creusant la chair, l'autre bras se levant pour frapper. Il la défia:

- Allez-y, vous êtes encore la plus forte.

Plus cruels que les coups dont elle pouvait le couvrir, les mots avaient suspendu son geste. Elle le lâcha, presque le laissant tomber. Puis, se reprenant, elle eut un haussement du corps:

- Je vous connais, les enfants de la DDASS... Parfois on a l'impression que vous faites tout pour être repoussés.

Et, le fixant avec plus de volonté encore que d'ordinaire:
- Mais, moi ,je ne te renverrai pas au Foyer de l'Enfance.

Définitive promesse de sa colère retombée. Pierre la voyait s'éloigner, l'abandonnant à sa haine. Avec cette autre image qui s'imposait à lui: un événement ancien, si contraire, mais qui s'accordait étrangement à la violence de leur face à face. Quelques mois plus tôt, lors de son second Noël à Survilliers...

Ce soir-là, à peine la porte entrouverte, il avait reconnu ses cadeaux et ceux de Christophe au pied du sapin. Ils étaient emballés avec le papier du Prisunic de Pontoise: la marque de la DDASS! Pourquoi s'y mêlaient alors deux paquets enveloppés du même papier que ceux des enfants Detil? Cruelle méprise! Pierre aussitôt saisissait le sien et le tendait à la nourrice. Mais elle le détrompait d'un signe de la tête. Et une lueur avait éclairé son regard.

Déjà il retirait le papier, lentement pour contenir le tremblement de ses mains, découvrant deux livres de la bibliothèque verte: "*Michel homme-grenouille*" et "*Les Sept contre le train fantôme*". Christophe, lui, déballait un ours en peluche... Identique à celui que madame Detil avait remisé dans une armoire, une jambe arrachée et la mousse qui s'échappait des flancs. Le visage de son frère s'éclairait d'un étonnement radieux.

Pierre s'était plongé dans l'examen de ses livres. Avec quel soin madame Detil avait choisi ce cadeau qui consacrait son goût pour la lecture et sa passion des trains, pourtant jalousement gardée! Il laissa glisser les deux volumes sur le sol et, se tournant vers la nourrice qui souriait, se leva, d'un trait allant jusqu'à elle et s'asseyant sur ses genoux. Elan de reconnaissance qui le jetait dans les bras de cette femme. Les bras d'une mère...

Monsieur Detil et ses deux enfants s'étaient interrompus et contemplaient la scène. Une stupéfaction heureuse ouvrait à l'infini les yeux du mari de la nourrice. Quelques secondes, tous restèrent suspendus au silence. Madame Detil ne semblait pouvoir esquisser un geste. De sa main, elle serrait Pierre contre sa poitrine. Presque à faire mal. Il sentait sur son cou le souffle chaud de ses lèvres effleurant la peau et s'abandonnait à ce corps qui l'entourait. Les photos de famille lui faisaient face. Le père de madame Detil lui semblait presque avoir le regard de Patrice. Pourtant, la nourrice avait raison: il y avait de la fierté dans son exigence. Et puis la mère de madame Detil, un visage ordinaire, mais dans l'expression quelque chose restait caché...

Retrouvant sa contenance, la nourrice se leva. Pourtant, elle ne voulait rien retrancher de cet abandon et l'embrassa, annonçant, avec un rire qui se confondait à des larmes:

- Eh bien! Maintenant je vous offre un chocolat chaud et des pâtisseries.

Elle s'échappa vers la cuisine. Pierre n'osait la rejoindre pour prolonger cet accord.

Ce corps qui l'entourait...

Ligne de partage mouvante, comme la mer et la plage, le bonheur et la douleur se recouvraient. Il songeait à sa mère.

CHAPITRE 5

Sa mère! Tracé interrompu, puis repris, et de nouveau brisé. A Crépy, il lui semblait que Jacques et Patrice n'existaient qu'au travers d'elle. A Survilliers, l'un et l'autre deviendront ses messagers.

Pour la fête des mères, madame Detil l'avait contraint d'envoyer une carte postale. Il s'était exécuté, refusant de joindre un dessin: nulle couleur, nul sourire, ne devaient accompagner son geste. Sa mère ne l'avait-elle pas laissé partir sans explication, comme s'il était à l'origine de leur séparation! Et puis, plus décisif encore, il y avait ces mots... Ces mots qu'il ne lui pardonnerait pas.

Pourquoi, chaque nouveau week-end à Sarcelles, la présence de son enfant semblait-elle lui devenir plus pénible? "Lui ou moi, tu choisis." Cette phrase, l'avait-il entendue dans son demi-sommeil, à travers la cloison qui séparait sa chambre et celle de sa mère? A moins qu'il n'ait deviné la portée du reproche que Patrice lançait parfois à cette dernière: "A la fin, c'est bien de sa faute si je m'énerve contre toi."

Jusqu'à cette après-midi où... Corinne et lui ont installé dans la salle à manger une dînette de poupées. Ils soutiennent un joyeux bavardage. Patrice regarde la télévision. Brusquement, il s'emporte contre lui: "Va dans ta chambre!". Il refuse d'obtempérer. Pourquoi seulement lui? Pourquoi pas sa soeur aussi?

Patrice s'énerve: "Dépêche-toi!" Et c'est alors que sa mère prononce ces mots. Des mots inconcevables: "Obéis à ton père!" Il soutient son regard, à qui abaissera l'autre, la défiant de les répéter. Le visage de sa mère est agité de tremblements, un pli haineux au coin des lèvres, blême de colère. Et soudain sa main s'élance. Elle frappe, frappe sans retenue. "Mais c'est ton père... ton père!" Propos insensé! Elle est folle! Un seul être est digne de ce nom! Il hurle: "Je ne veux pas... Mon père c'est Jacques... Pas lui!"

Plus cruels encore que ceux de sa mère, les mots de Patrice l'interrompent: "Et moi, tu crois que je t'ai voulu!" Exclamation éructée d'une voix blanche, une lueur méprisante sur le visage. Et la terreur devant son regard, avec une sensation d'anéantissement. Il lutte contre cette volonté, qui s'imprime en lui. S'attachant désespérément à une conviction: Jacques est son père! Les larmes lui montent aux yeux. Gagné par une nausée, il s'enfuit dans sa chambre.

Le soir, sa mère l'avait fait manger dans la cuisine avec Corinne. Contrairement à son habitude, Patrice l'aidait dans la préparation du repas. L'un et l'autre se taisaient. Et lui s'accordait à leur silence. Mais les gestes ordinaires dissimulaient ce sentiment partagé de l'irrémédiable, qu'aucun mot n'aurait retenu.

Les mots... Depuis cette soirée, sa mère retenait les siens. Elle n'était pas venue le voir chez les Detil et n'avait pas répondu à sa carte postale.

Mais, sans indication quant à sa provenance, un colis arriva un matin de novembre. Pierre y avait trouvé une maquette de voiture de course. Au retour de son travail, Monsieur Detil déclara:

- Ca vient de la Régie Renault. Ils font de la publicité, j'en ai vu une au bureau.

- Ce n'est pas ton beau-père qui travaille chez Renault? demanda madame Detil.

Pierre rédigea une lettre à son intention, repoussant au plus profond de lui l'idée que cet homme, haï si peu de temps auparavant, puisse... Un courrier de simple politesse, se disait-il, imaginant de cette façon se hisser à la froide assurance de Patrice, une assurance qui l'avait fasciné à Sarcelles. Alors qu'il imaginait un être de colère, au cours des week-ends à l'appartement, il avait en effet découvert une indépendance taciturne. Et cette retenue l'attirait, redoublée par un sentiment qu'il rejetait, mais qui revenait et parfois même il s'y abandonnait: une nécessité les rassemblait...

Pourquoi cet homme, aujourd'hui, se rappelait-il à lui? Secret message que ce cadeau délivré sans explication? Pierre avait d'abord songé l'offrir au fils de la nourrice. Celle-ci était intervenue. Il emmena alors la voiture à l'école et, ostensiblement, la déposa sur son pupitre. Parce que monsieur Lavigne ne la remarquait pas, de colère, il voulut la jeter dans une poubelle au retour de l'école, mais retint son geste. Et, pour finir, l'installa sur l'étagère au-dessus du lit de Christophe. Madame Detil accepta ce compromis.

Certains jours, Pierre évitait de la voir. D'autres fois, il la posait sur sa table de nuit, ne pouvant se résoudre à une hostilité entière. D'autant que Patrice répondit à sa lettre. S'ensuivit un échange de courriers assez distants les uns des autres.

Chaque lettre ranimait des souvenirs qu'il avait écartés. Comme cette fête de Noël organisée par l'entreprise de Patrice. Heureuse surprise qu'il lui ménagea un samedi, lors de son arrivée à l'appartement. Ses camarades de travail connaissaient Corinne. Ils s'étaient étonnés de la présence d'un autre enfant.

- On l'avait jamais vu ton gars.

- C'est le fils d'Yvette. Il vivait dans une famille de la DDASS. Je le reprends le week-end.

Il avait frémi. Comment cet homme pouvait-il s'attribuer un geste auquel il s'était refusé! D'un élan coléreux, il allait s'enfoncer dans la foule qui les entourait, quand une exclamation l'arrêta:

- L'a de sacrés yeux ton petit gars. Ca doit être un caractère!

- Tu l'as dit, approuva Patrice.

- Un caractère comme toi? répliquait déjà un autre de ses camarades.

- Pourquoi pas? avait-il accordé après une hésitation.

Un frisson de bonheur l'avait traversé. Etait-ce de la fierté qui brillait dans les yeux de Patrice? Pour ne point se trahir, il haussa les épaules et s'échappa avec un rire d'insolence.

Sur le chemin du retour, Patrice avait manifesté une rare gaieté. Il détaillait les monuments de Paris, contrefaisait des noms, s'exclamait sur les décorations lumineuses. Corinne et lui répondaient par des rires ou des cris d'admiration tantôt sincères, tantôt bouffons, et chahutaient à l'arrière de la voiture. Dans cette atmosphère sans contrainte, il n'avait pu s'empêcher de lancer:

- Pourquoi tu as parlé de la DDASS tout à l'heure?

- Ce n'est pas vrai que tu es à la DDASS?

- Oui... Mais tu n'as pas décidé de me prendre le week-end.

Corinne s'était figée. En avait-il trop dit? Tous deux sursautèrent lorsqu'un rire bruyant déchira le silence. Mais cet éclat n'était pas celui de la colère. Au contraire, satisfait de lui, Patrice lâchait:

- Mais si justement, *mon petit gars*!

Le soir même, Corinne confirmait:

- Quand on est venu te voir au Foyer de l'Enfance... Au retour, Patrice a dit: "Tu écriras à l'assistante sociale pour qu'il vienne."

Il avait protesté:

- Maman a décidé avant.

- Elle a trop peur de lui...

Il s'était tu. Retournant sens dessus dessous espoirs et refus; fulgurant, un bonheur l'enlevait. Cet homme avait donc souhaité le revoir!

Ce souvenir l'élançait. Douloureux regret de cet instant où il avait pu croire... L'illusion s'était rapidement dissipée. Le week-end suivant, Patrice repoussait ses demandes. Et bientôt manifestait une froide exigence, contraignant ses gestes, redressant des sentiments jugés trop tendres, allant jusqu'à le comparer à Jacques: "Geignard. Jamais content comme lui. Encore un qui n'osera pas m'affronter franchement." Ce jour-là, sa mère l'arrêta: "Tu vas trop loin, Patrice." Il allait répliquer, mais, dans son regard, il y avait une menace... Elle semblait capable de propos irrémédiables.

Patrice s'était détourné. Repoussant le voilage de la porte-fenêtre, il regardait dehors. Maugréant à voix basse, des mots qu'il avait déjà prononcés: "C'est de ta faute... Je te l'avais dit." Comme un secret qu'ils auraient partagé...

Les mots! Ceux de sa mère, ceux de Patrice. Etranges ou cruels. Des mots qu'il croyait oublier en retrouvant Christophe dans sa famille d'accueil et que Patrice ravivait de ses lettres. Pierre ne savait plus à quel sentiment se tenir. Et la voiture passait de l'étagère de Christophe à sa table de nuit...

Dans l'une de ses lettres, Patrice précisait que sa mère avait été hospitalisée. Ainsi expliquait-il qu'elle n'ait pu lui répondre. "... Elle va mieux maintenant et demande de tes nouvelles. Elle me parle souvent de toi. Elle voudrait savoir si tu réussis toujours à l'école..." Il se retranchait derrière les questions de sa mère, qu'on ne savait s'il inventait.

Pierre ne ressentait aucune amertume de cette réserve. Dans le tracé des mots, dans le ton des phrases, n'imaginant pas une indifférence, mais bien plutôt un sentiment que seul l'éloignement permettait.

Dans sa dernière lettre. Patrice exposait le différend qui l'opposait à sa mère. Pierre s'en étonna à peine. Il avait découvert à Sarcelles que leur existence était traversée de brusques éclats, insupportables de haine. Des scènes auxquelles Corinne ne se résolvait pas. Elle tentait de s'interposer, inutilement. Il l'entraînait à l'écart. Poupée molle qui venait se blottir dans ses bras en pleurant. Des bruits sourds parvenaient jusqu'à leur chambre, fragile refuge contre les coups qui s'échangeaient à proximité. Puis ils s'espaçaient. Une porte claquait. Quelques bruits encore d'objets qu'on ramassait, des pas indécis, une chaise qu'on traînait. Le silence enfin.

Patrice annonçait qu'ils allaient se séparer. "Elle me reproche mes exigences et attend un enfant." Il ne cherchait pas à se justifier, se bornant au simple exposé des événements. Pierre y voyait de la grandeur, en oubliant presque cet enfant à venir.

Avec la troublante impression d'avoir ainsi reçu un adieu...

Mais le sentiment qui le soulevait aujourd'hui était trop puissant pour ne pas balayer d'incertains regrets!

C'est devant la grille de l'école qu'il lui était apparu. La douceur de ses yeux! Aussitôt retrouvée... Et le pli de ses lèvres, une tristesse dans le sourire. Tel que son coeur l'imaginait, alors même qu'il aurait cru ne pas le reconnaître. La nourrice l'accompagnait, présence raide, rappel d'une condition. Il restait un enfant placé. En ce point de basculement où l'on croit que rien n'a changé... Mais Jacques était là!

A son regard, Pierre devina qu'il tentait de les distinguer, Christophe et lui, dans le flot des enfants qui se dispersaient. Attrapant son frère par le bras, il s'approcha d'un pas décidé. Mais madame Detil s'interposait. Elle se tourna vers Jacques.

- Je n'ai pas le droit de vous les laisser. Vous les verrez à la maison.

Il acquiesça. Et, voulant expliquer sa présence:

- Votre mère m'a envoyé vous voir.

Embrassant Pierre, il s'accroupit ensuite devant Christophe. Celui-ci restait figé. En cet instant, Jacques aurait pu comprendre la crainte ou le rejet; mais comment aborder cette absolue étrangeté? Un éclat de souffrance traversa ses yeux et Pierre se porta à son secours.

- Tu sais, Christophe, il est un peu bizarre, il...

- Ne dis pas ça, Pierre. Tu ne sais pas de quoi tu parles.

Il y avait plus d'inquiétude que de sévérité dans la voix de madame Detil. Pierre se retint de protester. D'ailleurs, s'étant ressaisi, Jacques indiquait d'un hochement de tête qu'il était prêt à les suivre et on se mit en route.

A la maison, la nourrice leur servit à goûter, puis se retira dans la pièce voisine. Le silence s'installa. Jacques buvait son café. Par la porte entrouverte, il considérait les reproductions anciennes. Pierre les commenta. Jacques hochait la tête, un sourire sur les lèvres. Puis songeur, tournant sa cuillère en tous sens, croisant les bras, posant les mains sur la table... Et de nouveau absorbé dans l'examen des photos. Enfin, il parla. Il ne pouvait rester longtemps, mais reviendrait, avec leur mère peut-être, lança-t-il dans un élan de gaieté, qui pourtant manquait d'assurance. Elle était seule maintenant et parlait de revoir ses garçons. A son tour, Jacques annonça qu'elle attendait un enfant.

Pierre dit:

- Je sais.

Sans préciser comment.

Jacques ne semblait pas s'adresser à Christophe. Il interrogeait Pierre sur sa vie chez les Detil. Celui-ci répondait rapidement, toujours préoccupé de son frère, glissant parfois une explication: "Il ne parle pas beaucoup..." Avec l'espoir que, peu à peu, Jacques s'accoutume à l'étrangeté de son fils. "Il fait dans sa culotte..." Comme si chaque phrase devait être complétée par une autre, qui elle-même... Mais son propos, il le sentait, ajoutait encore au trouble de Jacques. Et il se tut.

Au loin, la voix de madame Detil déchira le silence.

- Il va falloir que je leur fasse prendre le bain.

On entendit la demie de l'horloge. Pierre réalisa qu'il n'avait rien dit de lui-même. Alors il se mit à parler. Il parlait, il emplissait la pièce de ses mots pour que les sentiments ne le submergent. Il fallait combler ce vide qui les séparait.

Madame Detil lui ayant annoncé qu'il fallait partir, Jacques se leva. S'approchant de Pierre, il effleura ses cheveux de la main, qui glissa très vite sur la joue.

- Je reviendrai... Maman est d'accord.

Pour la première fois, il avait employé le mot *maman* et non *ta mère*! Laissant échapper cette intimité nouvelle. Et, d'un coup, sa voix s'emplit d'espoir.

- Je l'ai rencontrée.

Pierre en voulait plus.

- Elle aurait dû venir!

Jacques se déroba.

- Elle n'a pas pu... Je ne peux pas t'expliquer.

Déjà il embrassait les enfants. Avec madame Detil, ceux-ci le raccompagnaient jusqu'à la porte. Dans ce mouvement qui les mêlait, Jacques glissa encore quelques mots: "Je vous reverrai... Il y a si longtemps..." Atmosphère contrainte des départs, les corps se frôlaient, s'esquivaient, et lui se détacha, avec un signe de la main en se retournant une dernière fois. Il s'éloigna.

Brusquement, Pierre le rejoignit. Il demanda, à voix basse afin que madame Detil ne l'entende pas: "Pourquoi tu es parti?" Jacques tressaillit, ses yeux se détournèrent.

- Parti d'où..? D'ici? De chez la nourrice?

- Pourquoi tu nous as quittés?

Les yeux bordés de larmes, il concéda dans un sourire:

- Plus tard... plus tard je t'expliquerai... Tu comprendras quand tu seras grand... Je reviendrai.

Et il le quitta, sans plus se retourner.

Madame Detil attendait Pierre. Celui-ci rentra dans la maison en l'ignorant. Elle ne saurait rien de son émotion. Il monta à l'étage.

Dans l'escalier, la douleur éclata. Une déchirure qui se répétait. Tellement ancienne! Pénétrant dans sa chambre, les images l'assaillaient. Un manteau attrapé à la volée, une porte qui se referme. Lui se précipite à une fenêtre qui donne sur la rue. Cette silhouette en bas, hésitante. Ce visage qui se dresse. Attend un signe. Renonce. Et, resserrant son manteau, l'homme s'en va...

Un regret l'empoignait. Jacques était devant lui et il n'avait pas songé à le presser de questions sur ses voyages! Les nuits de course solitaire, la pluie déferlante sur le pare-brise, le brouillard mortel, son hypnose qu'on secoue dans un sursaut, la neige, désert glacé qui fige le paysage dans un silence sans âme. Le poids lourd tressaute sur la passerelle d'un transbordeur nocturne et s'immobilise dans sa cale, relents d'huile et de gaz brûlé. La houle berce déjà le navire, emporté par la nuit marine, l'étrave soulevée par un creux large et profond. Vers d'autres terres, espaces vierges de toute mémoire.

"Je reviendrai." Promesse que Pierre psalmodiait en des accents rageurs. Comme le battement incontrôlé d'un muscle, il répétait cet exorcisme. Mieux valait détruire en soi une attente repoussée à l'infini. Ce puits d'eau profonde. Douleur qui le noyait.

Qu'étaient donc ces parents qui agissaient sans raison donnée, offraient l'espoir pour le reprendre! Et lui-même, pantin désarticulé, Pierre Mallard devenu Pierre DDASS, Pierre Detil... Il fallait partir. La fugue c'est le bonheur. Pensée qui s'accordait bien à cet escapade avec Patrick. Ils n'allèrent pas loin et l'aventure ne couvrit que l'espace d'un après-midi. Mais quelle intensité que celle de l'esprit soudain libre!

Cette évasion - la seule connue de mémoire de Detil - sonnait comme un défi burlesque. Rassemblé, le rire des deux garçons éclatait en écho, déchirant l'ordre de cette maison. L'un jetant au diable le costume dont on l'affublait, l'autre hurlant sa nausée de l'illusion dont on l'entretenait. Pour la première fois, le fils de la nourrice se départait de sa réserve. "J'ai de l'argent... On s'en va?" Le désarroi le trahissait-il à ce point que Patrick l'ait deviné! Qu'importe! Il était disponible à la première invite. Le soir, ils rentrèrent, solidaires devant les remontrances, muets sur ce moment qui était leur.

Patrick avait confié:

- Ne crois pas que j'aime mon père... J'ai l'impression de ne pas exister pour lui.

- Mais ta mère t'écoute.

- Oui, elle m'écoute... Parce que je fais ce qu'elle veut.

Ainsi, même dans sa propre famille on pouvait être seul, seul entre un père et une mère! L'instant d'une déchirure, Pierre avait pressenti que, derrière leurs masques, les autres vivaient des sentiments si proches des siens. Etaient-elles dérisoires les différences qui comptaient tant pour lui!

Ce soir-là, goûtant la solitude qui sanctionnait sa fuite, il s'enfonça plus profondément encore sous les couvertures pour échapper aux bruits de cette maison... Demain, il sentirait l'odeur de l'herbe mouillée sous le soleil. Cette odeur lui appartenait. C'est lui qui l'avait découverte.

Il attendait Jacques. Porté par le secret accord de leur premier regard, déchiré par l'incomplétude de leur rencontre.

CHAPITRE 6

La pluie a cessé. Sa mère dit qu'elle s'arrête toujours avec la marée. Mais, ici, on n'entend pas la rumeur des vagues.

Pierre a repoussé la couverture puis remonté le drap jusqu'à mi-poitrine. Il compte ses lits successifs: celui de son séjour au Foyer de l'Enfance, ceux de Mamie et de madame Detil, ceux de sa mère, à Sarcelles, puis à Boulogne-sur-mer. Et le lit de Lumbres.

Sa vie s'élabore autour de ces repères. Bientôt un an que Jacques est venu le voir à Survilliers. Depuis huit mois, sa mère l'a retiré de chez les Detil. Depuis six mois, il est à Lumbres. Et, ce dimanche soir de mars, dans ce lit d'internat où le sommeil le fuit, il s'attache à l'idée du prochain week-end à Boulogne. Un jour reviendra-t-il complètement chez lui? A force de repousser l'espoir, on en perd le goût.

En juin de l'année dernière, dans une lettre envoyée à madame Detil, sa mère annonçait son retour à la maison.

- J'ai trouvé un travail à Boulogne-sur-mer. Et un appartement... Je t'emmène là-bas.

Ainsi l'avait-elle accueilli quelques semaines plus tard. Une flamme dans les yeux. Descendant de l'autobus, il avait sa valise à la main et sur le trottoir mouillé retrouvait la joie d'un soir lointain. Le bonheur le frôlait de sa caresse...

Et c'était pour mieux s'échapper. A ses questions dans le train, sa mère avait répondu brièvement.

- Je ne veux plus parler de Patrice. C'est du passé.

Puis elle annonça son intention de le placer dans un établissement.

- C'est une idée de l'assistante sociale. Elle pense que ce sera plus facile pour nous deux.

Au ton de sa voix, il comprit que sa décision n'appelait aucune remarque. Et, parce qu'il se taisait, elle conclut, malaisément: "C'est pour ton bien." puis se replongea dans la lecture de son journal.

Le château de cartes s'effondrait. Cette vie ne serait donc jamais sienne! Qu'y avait-il de nouveau depuis son placement à Crépy? Des personnages différents pour une histoire toujours recommencée! D'autres décors, pour une même comédie! Le passé le serrait de sa poigne.

Le dortoir est silencieux, traversé de respirations calmes. Sur les lits, on distingue des corps, formes arrondies, allongés par le travers, un bras relâché dans le vide, ou reposant sur le dos. La chambre de veille, par sa porte entrebâillée, laisse filtrer un rai de lumière. D'un coup elle s'ouvre, découvrant une silhouette. Un instant ébloui, Pierre devine maintenant l'éducateur qui reborde un enfant, ramasse un vêtement, s'arrête à sa hauteur.

- Tu ne dors pas?

- Non.

- Tu penses à quoi? Bon ou mauvais?

Question rituelle qui ouvre leurs échanges.

- Mauvais.

L'éducateur remonte l'oreiller qui tombait sur le côté et s'assied au bord du lit. Au début, il disait: "Tu veux en parler?..." Maintenant, le silence rassemble les confidences murmurées en d'autres soirées.

Quelques instants, Pierre hésite. Il retourne les mots, se dérobe, se ressaisit, recule encore. Et brusquement lance:
- Tu sais, Patrice, je t'en ai déjà parlé...
Dominique acquiesce: "Ton beau-père." Il proteste: "Ce n'est pas mon beau-père!" L'éducateur mime l'impuissance: "Eh!.. Je n'ai pas d'autre mot." Pierre se détend. Des jeux émaillent ainsi leurs dialogues. La tendresse affleure, qu'à peine il faut retenir...
- Eh bien, Sylvie, sa fille, ma demi-soeur... Je t'avais dit que sa chambre, c'était parce qu'elle pleurait souvent la nuit... Ma mère est fatiguée par son travail...
- Et toi, tu n'as pas de chambre.
A Boulogne il dort dans le coin salon de l'appartement. Ses livres, quelques jouets, la collection de *La Vie du Rail* que lui a offerte Grand-Pap, tout tient dans un secrétaire en teck. Le samedi, sa mère tire le canapé-lit. On l'héberge, un soir de temps en temps. Tandis que Corinne, sa soeur... Mais Corinne est toujours restée. Quant à Christophe, sa mère lui a opposé: "L'assistante sociale a trouvé un externat spécialisé à Boulogne. Il est très malade, tu sais. Je dois le garder avec moi." L'évidence de l'explication s'est imposée à Pierre. Douloureusement.
Mais il repousse son amertume et poursuit:
- Sylvie doit avoir une chambre pour elle seule parce que Patrice envoie de l'argent chaque mois.
Sylvie! Pourquoi Patrice a-t-il choisi ce prénom? Ce prénom qui l'accompagne d'une singulière nostalgie. Et, plus profondément encore, il lui semble que ce devait être celui-là. Nécessité qu'il ressent avec une souffrance.
L'éducateur l'arrache à sa songerie.
- Patrice, tu ne l'aimes pas.
Cette remarque lui semble presque une insulte.
- A Sarcelles, il a empêché ma mère de me reprendre.
- Ce n'est pas facile d'accepter l'enfant d'un autre.
Pierre se raidit. Dominique toujours tempère ses jugements. Mais, ignorant de ce refus, celui-ci poursuit: "Et puis..." Il hésite.

- Quoi? demande Pierre.
- Non, rien...
- Si! Tu as dit qu'il ne fallait jamais se dérober.

Il s'amuse de parfois retourner ses sentences à Dominique. Beau joueur, celui-ci accorde: "Eh bien... Dans ta façon de l'évoquer, tu lui ressemblerais presque." Le coup porte. Mais il n'en fera rien paraître. Et, avec une feinte assurance, sollicite des précisions.

- Tu veux dire que je suis aussi dur que lui?
- Entier... dans tes emportements.

Pierre se fige. Dominique essaye d'atténuer la rigueur de sa réponse: "Et en même temps tout le contraire. Tu attends tellement de..." Mais l'enfant ne l'écoute plus vraiment. Dominique le devine: "Tu es fatigué?" A peine s'il acquiesce. Et s'enfonce dans son lit.

Seul, il peut s'abandonner. Les mots de Dominique ne le lâchent plus. Cruels et à la fois presque séduisants. Il aurait tant voulu avoir l'assurance de Patrice! Cette tranquille apparence qui semble préserver de la brûlure des sentiments.

Mais il s'insurge contre une quelconque ressemblance. Cet homme ne s'est-il pas montré odieux avec sa mère durant les mois qui ont précédé son départ?

Pour en savoir plus sur son séjour à l'hôpital, Pierre avait interrogé Corinne. Celle-ci s'était troublée, prétextant le jeu qu'elle avait entamé pour se dérober, invoquant l'oubli. Il la relança, traquant les détails, complétant des réponses laconiques. Enfin, elle accorda:

- Je crois que Patrice ne voulait pas d'enfant... Un jour ça a été pire que tout.

Patrice avait lancé: "La leçon ne t'a donc pas suffi. Il faut toujours que tu recommences les mêmes bêtises." Il avait injurié puis bousculé sa mère. Effondrée, elle s'accrochait à lui. Il commença à cogner, du poing d'abord, puis avec les pieds. Sa rage ne se contenait plus.

- Il a voulu la frapper au ventre. Alors, elle s'est relevée. Elle criait: "Non, non, je t'interdis." En s'enfuyant dans l'escalier, elle s'est cassée le bras.

Pierre n'avait pas osé questionner Corinne plus avant. La souffrance de sa soeur résonnait si profondément en lui! Le crâne martelé par les coups de Patrice. Si faible, roulé en boule. Dans un univers liquide. Ultime rempart contre cette violence meurtrière...

Quelque temps plus tard, Corinne complétait son récit. On avait opéré sa mère. Le jour de sa sortie, Patrice était venu la chercher à l'hôpital. Il ne la trouva pas. Le soir même, elle téléphonait qu'elle ne reviendrait qu'après la naissance de l'enfant. Corinne parlait d'un Centre Maternel. L'absence de sa mère lui sembla interminable.

- A la fin, j'aurais presque voulu être à ta place. C'est à ce moment-là que Patrice a commencé de t'écrire...

Il y avait de la tristesse dans le propos de Corinne. Mais Pierre ne retint que la coïncidence entre le départ de sa mère et les lettres de Patrice. L'image de ce dernier se troublait, laissant apparaître les contours d'un être incertain. Ne s'était-il pas montré impuissant à briser la détermination de sa mère? Plus encore, aveugle au point de ne rien soupçonner du dessein qu'elle menait!

S'attachant aux propos de sa soeur, Pierre reconstituait peu à peu les événements. Sa mère qui, dés son retour du Centre Maternel, somme Patrice de quitter l'appartement. Ce dernier qui n'en fait rien. Elle le laisse alors à ses illusions. Il traîne dans l'appartement, interroge sans obtenir de réponse, encore certain qu'on n'osera rien contre lui. De son côté, sa mère rencontre l'assistante sociale en l'absence de Patrice, dissimule les journaux dans lesquels elle cherche un emploi, guette l'arrivée du courrier pour qu'il ne prenne pas connaissance des convocations du tribunal, prétexte un décès dans sa famille pour se déplacer à Boulogne, trouver un appartement, signer des papiers... Allant jusqu'à se servir de Jacques afin d'obtenir des nouvelles de ses deux garçons.

Puis la scène finale où elle assène à Patrice le résultat de sa secrète entreprise.

- Je m'en vais demain. Le juge m'a rendu les deux garçons.

Il reste abasourdi, ne songeant même pas à l'insulter ou à la frapper. Elle l'a mystifié!

Pierre prenait un plaisir cruel à cette évocation, modifiait un détail, développait une scène, sans plus savoir à la fin si Corinne les avait évoqués ou s'il prolongeait une allusion, puisait dans ses propres souvenirs de Sarcelles ou même, parfois, se laissait aller à un épisode de son cru...

D'amères pensées venaient parfois rompre cet imaginaire. Abandonnant la toute-puissance dont il s'était enivré, il mesurait sa faiblesse devant la brutalité de Patrice. Même, se reprochait d'ainsi le déconsidérer... Et préférait l'écarter de sa mémoire, pour ne plus songer qu'à sa mère.

Car une évidence le soutenait: entre lui et Patrice, elle l'avait choisi. Sans doute, les week-ends à Boulogne-sur-mer n'avaient pas la plénitude du bonheur espéré... Enfermé dans cet appartement dont chaque mur renvoyait l'exiguïté, prisonnier plus sûrement encore de leur pauvreté, la pluie battait dehors et les après-midi s'étiraient d'ennui. Corps contraints, avec des sautes brusques, Corinne et Pierre s'excitaient, Christophe entamait une mélopée lancinante, que venaient dominer les pleurs de Sylvie, bientôt hurlements saturant l'espace. Et leur mère, excédée, distribuait les claques sans discernement.

Mais il était chez lui! Comme il ne l'avait jamais ressenti lors des week-ends à Sarcelles. Peut-être à cause de Patrice... Ou parce qu'il avait confusément deviné le caractère provisoire de cet accueil. Tandis que l'appartement de Boulogne, il se l'était approprié. Sa mère ne disait-elle pas: "Celui-là, c'est le mien." Bordé d'un seul côté par un mur mitoyen, situé au dernier étage de l'immeuble, il semblait ouvert sur le ciel. Dans la salle à manger, une porte-fenêtre à plusieurs battants ouvrait sur une courte terrasse. Par beau temps, cette baie vitrée baignait l'appartement de clarté et, au couchant, le soleil y jouait de ses ocres. Lorsque la tempête déferlait sur la côte, elle devenait passerelle d'une navigation hauturière. Et, par les nuits de grande chaleur, Pierre l'entrouvrait pour rafraîchir l'atmosphère. L'activité résiduelle de la ville lui parvenait: coulée de manganèse dans les hauts fourneaux, ululement de la corne de brume ou déchargement d'un navire. Parfois, quittant le canapé-lit, il s'accoudait au balcon pour détailler les lumières de ce paysage urbain. La rumeur des vagues déferlantes sur la plage le berçait.

Puis il rentrait et passait dans la cuisine. Seul, grignotant quelques biscuits, il guettait les bruits de l'appartement. Une famille endormie l'entourait. Sa famille! Et la lumière allumée dans la cuisine donnait plus de profondeur à cette présence. D'autant qu'il aimait particulièrement cette pièce. Le jour de leur arrivée à Boulogne, il avait eu l'impression de reconnaître les placards en Formica parce qu'ils ressemblaient à ceux de Crépy. Et sa mère s'était écriée: "Je vais enfin pouvoir ranger la vaisselle." De ces placards, elle sortait d'ailleurs des merveilles pour les goûters-surprises du dimanche après-midi. Ensemble, ils marquaient ainsi la fin du week-end. La nostalgie que Pierre ressentait alors, se mêlait de tendresse. Quelques heures plus tard, il quitterait les siens. Mais, pour l'instant, il goûtait le bonheur d'appartenir à leur familiarité.

Et cela, il le devait à sa mère. Sa mère qui lançait des reproches inconsidérés, criait et frappait, prononçait des punitions injustes. Mais aussi, sa mère qui se montrait attentive à ses vêtements, à ses résultats scolaires, à ses récits sur les jours passés dans l'établissement. N'oubliant jamais de l'accueillir au car qui le ramenait de Lumbres, s'obligeant à le raccompagner au car qui les séparait. Présente, parfois même étouffante de présence.

Certains soirs devant la télévision, Pierre se surprenait à regarder ce visage qui se relâchait enfin. Une fierté le soulevait alors: il était le fils de cette femme! Et sa secrète rancune, celle d'avoir été placé lorsqu'il croyait rentrer chez lui, il la sentait s'apaiser. Il retrouvait même avec un certain bonheur le souvenir de cette journée au cours de laquelle sa mère l'avait emmené visiter l'établissement. Le souvenir des mots prononcés par la femme qui les accueillait.

- Ce n'est pas facile pour une maman de s'occuper de son enfant quand elle ne l'a pas vu depuis longtemps... Même si elle en a très envie.

Il n'avait pu se retenir d'un frémissement. Et, comme si elle était accoutumée à formuler les pensées des autres, la femme avait achevé:

- C'est pour ça que ta maman nous a demandé de l'aider un peu.

De simples mots! Mais dont la justesse retournait ses perspectives. Ses proches ne pouvaient toujours donner à la mesure de son attente. Et il n'en était pas la cause.

Dans la petite pièce ouverte sur la tendresse d'un matin d'automne, bordée par un marronnier dont on aurait pu caresser l'extrémité d'une branche, l'émotion submergeait sa mère. Devant ce qu'elle n'avait su dire. Il la devinait à ses côtés, ses yeux qui se perlaient de larmes, tandis qu'elle le regardait, lui, son fils. Le pli amer de sa bouche s'était détendu et il ne se souvenait pas l'avoir déjà vue dans un tel relâchement.

Dans l'autobus qui les ramenait à Boulogne-sur-mer, sa mère lui avait parlé comme jamais avant, sortant de son porte-cartes des photos de son enfance, racontant des histoires drôles sur ses premières années, serrant très fort sa main. Ce jour-là, il oublia les silences qui les séparaient.

*   *

*

Une semaine après son arrivée, Pierre avait appris qu'il suivrait sa scolarité au collège de Lumbres. La plupart des pensionnaires étaient accueillis dans des classes propres à l'établissement et, devant les regards que lui lancèrent ses camarades, il devina le prestige d'une telle distinction. Mais, n'en laissant rien paraître, il descendit jusqu'au parc qui s'étendait derrière le réfectoire et les bâtiments de service. Quelques minutes plus tard, deux pensionnaires, Bernard et son jeune frère Michel, l'y rejoignaient. Affectant la nonchalance, ils s'assirent dans l'herbe en face de lui.

- Quel âge as-tu? demanda Bernard après un long silence.

- Douze ans.

- Moi j'en ai quatorze et Michel en a treize... Tu as compris?

- Oui, pourquoi? s'étonna Pierre. Une inquiétude le gagnait. Le visage de Bernard s'éclaira d'une ironie.

- Non tu n'as pas compris. Il faut t'expliquer. Vas-y Michel.

Celui-ci prit un air condescendant.

- Voilà. On est anciens et plus âgés que toi. Tu nous dois obéissance. Doublement, parce que, nous aussi, on va au collège.

D'un regard prolongé, Bernard souligna l'intervention de son frère. Puis, inclinant le visage, il glissa entre ses dents:

- Et ne t'avise pas de nous rouler. Je connais tout le monde au collège.

De nouveau, il considérait Pierre, avec une froide détermination. Celui-ci voulut soutenir cette confrontation d'un sourire détaché. Mais il comprit que c'était déjà un aveu de faiblesse. Se levant, Bernard le contourna avec un frôlement et, dans son dos, acheva:

- Michel va te donner des détails... N'oublie pas: ici c'est moi qui décide.

Et il s'éloigna. Investi de l'autorité fraternelle, Michel traitait déjà Pierre en comparse:
- Voilà. Tu ramèneras à l'Institution ce qu'on achète au village pour les enfants qui nous le demandent. Les éducateurs se méfient de nous. Pas encore de toi...

Quelques jours plus tard, Pierre empruntait avec ses compagnons la longue côte qui descend du plateau d'Harlettes, promontoire dressé à trente kilomètres de la mer, balayé par les vents d'Ouest et de Noroît, submergé certaines années par la neige. En bas, le village s'étirait autour de la nationale. Univers mythique aux yeux des pensionnaires de l'établissement, royaume d'enfants maîtres de leur temps, libres de déambuler dans les rues puis de rentrer chez eux pour y retrouver un coin de jardin, une chambre, un lit.

Et, dans le sillage de Bernard et Michel, il était devenu marchand-explorateur de ces contrées, heureux voyageur qui accédait aux trésors de pacotilles dont rêve l'enfance. Les uns le sollicitaient, les autres le menaçaient. Il transigeait, puis accordait, croyant ainsi obtenir des protections ou s'offrir un répit. Courte illusion. Il n'était plus que la victime apeurée d'un coutumier trafic.

Avant d'abandonner toute résistance, il s'insurgea contre Gilles, un pensionnaire plus âgé, qui lui demandait d'acheter un couteau à cran d'arrêt.

Le soir même, mêlant sournoises invites et injonctions pleines de sous-entendus, Bernard et Michel entraînaient Pierre dans la salle de bain. Comme un diable de sa boîte, Gilles surgit de la douche en grimaçant. Pierre en resta paralysé. Sans réaliser que cette apparition participait d'une mise en scène destinée à le terroriser. Les larmes aux yeux, un instant il imagina un soutien dans le sourire de Bernard, là où il n'y avait que dérision. Et, comme Michel semblait s'interposer, il crut pouvoir se réfugier derrière lui. Aussitôt, celui-ci s'esquiva, d'une bourrade le projetant vers Gilles, qui agitait les bras en violents moulinets.

- Si tu n'achètes pas le cran d'arrêt, je pisse dans ton lit ce soir.

Il entama un volte-face afin de s'échapper, se heurtant aux deux frères qui firent mine d'offrir une issue en s'écartant. Mais, à peine s'était-il engagé, qu'ils l'immobilisaient. Des murmures s'échappaient de leurs bouches: "Ca pue, la pisse!" presque moqueurs à l'égard de Gilles: "Surtout la pisse des autres." Et, d'un coup, leur ironie se retournait pour inviter leur camarade à partager une condescendance: "Les draps mouillés, ça doit faire bête devant les copains."

L'angoisse submergeait Pierre. Acculé par les bras de Gilles qui frôlaient son visage en mouvements spasmodiques, il ne réalisait pas à quel point Bernard et Michel étaient complices de la menace proférée...

Il dut pourtant se rendre à l'évidence lorsque, le lendemain, Bernard désigna d'un geste sans équivoque la boutique *Pêche et Chasse*. "On t'attend." dit-il. En sortant du magasin, Pierre comprit qu'il avait perdu son indépendance.

Bernard le tint désormais sous sa coupe. Pierre se résignait à son ordre. Devant son camarade, il éprouvait une terreur. Mais, sentiment confus, il lui semblait qu'elle trouvait son origine au plus profond de son être; Bernard n'en était que l'instrument. Tout en même temps, cette soumission l'apaisa. Comme si, d'avoir renoncé à lutter, la déchirure, qu'il portait en lui depuis toujours, se résolvait. Sur le visage de son camarade, venait s'imprimer une autre image: traits tendus, menton volontaire, assurance du regard chez l'un et l'autre...

La conduite de Michel ne se concevait que dans le prolongement de celle empruntée par son aîné. Parfois, mettant à profit un relâchement de ce dernier, il semblait se laisser aller à plus de spontanéité, tout de même prêt à retourner ses sentiments. Et Pierre redoutait plus encore ses réactions. Bernard restait maître de lui, alors qu'on devinait une fragilité chez le cadet. Il y avait de la véhémence dans ses attaques. Cette façon qu'il avait de toujours dénigrer les résultats scolaires de son camarade, alors que lui-même souffrait de ses limites. "Un gentil petit garçon qui répond bien aux professeurs... Mais regarde comme je sais te faire peur!"

Pierre, en effet, connaissait la honte. Bernard était plus grand que lui, jamais il ne pourrait le valoir. Tandis que Michel avait sa taille. Agitant les mains devant ses yeux qui cillaient sans pouvoir se contenir, il se moquait: "Tes yeux craignent, petit Pierre!" Sobriquet qui sonnait comme un apitoiement. Il frémissait de rage contenue, tremblant, oui, tremblant! Et maudissant sa lâcheté.

La vie, pourtant, offre d'insolites retournements. Après les vacances de la Toussaint, une angine isola Bernard à l'infirmerie. Telle la déchirure lumineuse d'un ciel de plomb, railleries et brutalités cessèrent subitement. Bien plus, Michel se montra surprenant de sollicitude. Un matin, il lança au saut du lit: "Je t'ai trouvé un nouveau surnom: Pierrot la lune." Tout ensommeillé, Pierre resta sans réplique devant cette allusion aux silences qui parfois l'emportaient en ses voyages intérieurs... Déjà Michel s'était échappé. Mais la moquerie était sans méchanceté. Presque parole d'amitié.

Sur le chemin de l'école, Pierre proposa:

- On joue à *Si c'était un animal...*?

- D'accord. Tu es une antilope.

Pris au dépourvu, parce qu'il pensait s'amuser aux dépens des adultes de l'établissement, il s'exclama:

- Pourquoi?

- Tu es grand, mince... Et on dirait tout le temps que tu veux t'échapper.

- Alors, toi, tu es un puma qui veut me dévorer. Mais je cours plus vite... Et attention à mes cornes!

Michel arrondit les yeux. "Eh! siffla-t-il, maintenant je vais me méfier de toi, Pierrot la lune."

De retour à l'établissement, ils prenaient leurs repas côte à côte et la veillée les retrouvait ensemble. Michel y parlait parfois de sa famille, de sa mère surtout, qu'il entourait d'une attention inquiète, presque adulte devant cette femme dont il ne pouvait rien attendre, mais qu'il aimait.

Il fit jurer le silence sur ses propos:

- Bernard ne veut pas qu'on en parle. Et même ma soeur Sophie n'ose pas le contredire... Tu sais, la grande avec des cheveux très noirs, dans le groupe du Chalet. Elle, c'est l'enfant préférée de mon père; moi, je suis le préféré de ma mère. Quand elle n'est pas à l'hôpital psychiatrique...

- Elle est malade?

Michel n'en dirait pas plus à ce sujet. Déjà il poursuivait:

- Bernard, c'est le préféré de personne. Sophie et moi, on lui obéit parce qu'on a peur. Mais aussi parce qu'il est le plus malheureux...

Puis, haussant les épaules, d'un sourire dérisoire il coupa court, comme s'il s'interdisait toute entorse durable à la solidarité fraternelle.

Pierre dut bientôt abandonner à la nostalgie ces heures d'un bonheur échappé. Avec le retour de son frère, Michel retrouva ses railleries, oublieux de leur trop brève complicité. Jours et semaines se succédèrent, comme si rien n'était advenu. Pourtant, les confidences de Michel avaient déchiré la perfection de l'image conférée à Bernard. Et, lorsque dans la salle de cours, Pierre croisait le regard de son camarade, sous l'ironie il croyait discerner un regret. Les instants vécus avec lui, cette amitié esquissée, redonnaient du goût à l'indépendance. Ce goût de la vie, douloureuse peut-être... mais la sienne. Le soulagement qu'il avait d'abord éprouvé en se pliant à la volonté de Bernard lui devenait odieux. Au matin, il s'éveillait avec le goût amer de l'humiliation. Et, s'il ne pouvait égaler la force de celui qui le malmenait, il se demandait désormais quel défi lui permettrait de dépasser sa peur.

... Cela survint comme une nuée d'orage. Après les fêtes de fin d'année, les enfants rapportèrent certains de leurs cadeaux. Ils les exhibaient, se les prêtaient, organisaient des jeux à quelques uns. Pierre n'avait rien et, dans un coin de la salle d'activité, il repeignait le camion que Jacques lui avait envoyé au Foyer de l'Enfance.

Nonchalamment, Bernard était venu s'asseoir à ses côtés, le considérant dans son travail, un sourire sur les lèvres. Apercevant Michel qui passait dans le couloir, il le sollicita d'un clin d'oeil. Celui-ci les rejoignit. L'un et l'autre échangeaient des regards sans un mot. Le brouhaha des jeux parvenait des pièces voisines et Pierre se serait volontiers abandonné à une torpeur, s'il n'avait senti l'inquiétude monter en lui. Brusquement, Bernard lança:

- C'est ton cadeau de Noël?

- Ouais, bougonna-t-il.

Le commentaire déplaisant ne se fit pas attendre.

- Ca doit être un vieux Noël.

Michel le bouscula d'une bourrade dans le dos: "Tu n'as pas eu de Noël?" Et Bernard d'ajouter sur le ton de la confidence: "Tu sais bien que c'est le camion de son père. Il est dedans son père... Un peu vieux le camion."

Pierre sentait les larmes lui monter aux yeux. D'un coup il se redressa et, fixant Bernard avec une violence qui ne se contraignait plus:

- Mon père, au moins, me fait des cadeaux!

Bernard le saisit par le bras, blême. Mais Pierre se dégagea vivement et s'échappa dans le couloir en hurlant.

- Je n'ai pas peur de vous!... Pas peur de vous!

Il dévala les escaliers, claqua la porte du vestibule, courut jusqu'au portail de l'établissement, s'arrêtant un instant. Le froid le prenait. Mais il s'engagea sur la route.

... Il ne rejoignit l'établissement qu'en début après-midi. Et, sans signaler son retour aux adultes, s'allongea sur son lit. Quelques minutes plus tard, Dominique arrivait.

- Tu étais passé où?

Le ton de l'éducateur était sans colère. Mais Pierre ne pouvait s'accorder à cette sollicitude. Sa réplique sonna comme un défi.

- Dehors!

Dominique rappela l'interdiction de quitter l'établissement. Sur son visage se lisait une expression plus narquoise que sévère et, dés la question suivante, Pierre renonça à son hostilité.

- Qu'est-ce qui s'est passé?

Il raconta la scène à l'éducateur, interrompant son récit lorsque des enfants survenaient. Ces intrusions soulignaient l'intimité de leur échange. Croisant le regard de ses camarades, Pierre y devinait de la considération. Et, quand Dominique les renvoyait d'un geste rapide, aucun ne s'insurgeait contre l'ordre reçu.

- Tu ne manques pas de courage, fit-il remarquer à la fin.

Pierre haussa les épaules.

- J'étais en colère. Je n'aime pas qu'on touche à mon père.

Au souvenir de l'affront, il redevint maussade. Insulter Jacques, c'était atteindre le plus intime de son être, dénier sa raison de vivre.

Dominique l'approuva en quelques mots. Dans son sourire il y avait une complicité chaleureuse et Pierre y trouva le courage d'avouer: "Mais, tu sais, j'ai peur." éclatant de rire pour préserver une pudeur.

- Il te menace? demanda Dominique.

Pierre se rétracta. Il redoutait l'intervention de Dominique auprès de Bernard. Elle ne le protégerait pas et, en plus, il aurait honte. Façon de ne rien affirmer, il opposa une moue d'indécision. L'éducateur commenta d'un ton moqueur:

- Si j'ai bien compris, c'est plus compliqué que ça.

Pierre approuva. Ils avaient retrouvé la légèreté de leurs échanges coutumiers, ce ton qui autorisait la confidence et contenait l'émotion. Sans plus se contraindre, il murmura:

- Certaines fois, quand il me regarde, j'ai l'impression de ne plus exister.

Dominique le considéra un instant en silence. Pierre s'était réfugié en lui-même. Lorsqu'il releva la tête, l'éducateur fit remarquer:

- Il me semble que tu as déjà exprimé un tel sentiment. Mais pas à propos de Bernard....

- Quand?

- Je ne sais plus... Il chercha, puis renonça. "A toi de trouver, conclut-il. Viens manger... Tu dois avoir faim."

Il quittait le dortoir. Pierre le suivit du regard. Avec la sensation du déjà vécu. Mais il préféra ne pas la préciser.

CHAPITRE 7

Qu'y avait-il de commun entre l'enfant de Lumbres, soumis aux humeurs de Bernard, et celui qui, lors de ses week-ends, parcourait les rues de Boulogne-sur-mer jusqu'à la nuit tombée? Au profond de lui, s'éveillait un être si différent et les images qu'il parcourait lui semblaient d'une telle puissance! Promesse d'avenir que cette liberté du coeur...

Sarcelles restait trop marquée par la déchirure d'une enfance. Tandis que cette ville inconnue devenait sienne. Ici, il vivait!

Les vitrines de jouets l'attiraient parfois encore. Il y considérait ce qu'il n'aurait jamais: avions qui se livraient un combat aérien immobile, convoi ferroviaire qui s'engouffrait sous le tunnel d'une montagne en carton pâte pour en laisser ressortir sa locomotive tous feux allumés, boîtes de maquettes en plastique dont les gravures rivalisaient de promesses...

Mais ce spectacle puéril, bientôt, le lassait. Le mouvement de la vie invitait son regard: foule pressée sur un trottoir, brouhaha de l'activité urbaine qui l'emportait, enseignes et publicités qu'il détaillait. Parfois, la terrasse d'un café l'arrêtait. Il fixait un visage, dessinait la ligne d'un corps, surprenait une complicité muette et s'inventait des rencontres éphémères et graves.

Puis la plage l'invitait à un détour. Elle lui était pourtant trop étrangère pour le garder. Il y voyait une étendue morne, qui ne lui offrait que l'absence. Seule la mer le retenait en ses accents coléreux contre les digues ou dans ses couleurs mêlées des jours de tempête.

Il aimait la nuit et ses lumières. Le silence retombait sur la ville, qui pourtant ne dormait pas. Des couples le croisaient, un homme au col rentré le dépassait, les flaques d'eau renvoyaient la lumière orangée des lampadaires et il sentait la bruine tiède sur son visage, les mains enfoncées dans les poches de son anorak, son corps emporté dans un mouvement sans fatigue.

Alors, plus fort que tout, l'invitait le voyage. Il arpentait le port et ses navires appelaient en lui des contrées fabuleuses. Dans cette atmosphère fébrile des escales, la course du temps se mesure à l'aune des départs prochains et des arrivées qui les font oublier. Et parfois, possédé par ce mouvement, il s'échappait.

Sa mère, pourtant, aurait voulu le retenir. Croyait-elle l'avoir repris pour qu'il lui appartienne!

Un soir qu'il rentrait tard, elle l'accabla de reproches.

- J'ai failli appeler la police! Tu aurais pu avoir un accident. Avec ça, tu n'as même pas mangé...

Il ne répondit pas, inaccessible à la sollicitude que trahissait ce dernier reproche. Le ton aigu de sa voix, ses gestes désordonnés, ses mimiques d'affolement... Qu'elle soit réelle ou jouée, tout l'excédait dans cette panique soudaine.

- Je t'interdis de sortir comme ça. La prochaine fois que tu passeras le week-end ici, tu resteras à l'appartement. Sinon...

- Sinon quoi! Sèchement, il lui renvoya sa menace. Dérisoire perspective avec laquelle elle pensait le retenir! "Sinon tu ne reviendras plus. Sinon je te placerai définitivement." Jamais elle n'oserait prononcer ces mots. Il le savait. Intensément.

Elle s'effondra sur le canapé, larmoyante, pitoyable silhouette.

- Je ne te comprends pas, Pierre. Quand je t'ai repris... Il y a un an à peine!

Il y avait un an! Lui-même n'aurait su se reconnaître. Qu'il était loin l'enfant qui retrouvait sa mère, porté par une si longue attente. Tandis qu'aujourd'hui il la considérait avec une froideur dont il se serait cru incapable. Il ne lui devait rien. Qu'elle fasse sa vie! Il voulait conduire la sienne.

Mais sa mère reprenait, déchirée: "Pourquoi tu ne dis rien? Quand tu étais petit..." Elle s'interrompit, rencontra son regard: l'avait-elle connu petit!... Il devina sa gêne. Elle eut une moue de dérision, façon de reconnaître sa maladresse. Puis passa outre. "On ne se parle pas, Pierre. Qu'est-ce qui nous arrive?... Moi je voudrais..."

Il hésita. Sans doute, lui aussi aurait aimé partager la tendresse de pensées familières... Mais le mépris - ou la pudeur blessée - était trop puissants. Il déserta la pièce qu'elle saturait de ses lamentations et se réfugia dans la chambre de Corinne. Celle-ci dormait. Il se dirigea vers la fenêtre et entrouvrit le rideau, se souvenant qu'il s'était parfois senti emporté par de soudaines nostalgies...

- A Sarcelles, tu chantais souvent le même air.

Ils sont dans la cuisine. Sa mère range une tasse sur l'étagère. Il la voit qui se hausse, fine, presque fragile dans sa jupe serrée. Un instant elle se retient, sa main tremble, pose la tasse. Elle se retourne. Il plonge dans son bol de café au lait.

- Pourquoi tu demandes ça?

- ...

Elle entame une mélodie qu'il reconnaît. Il lève le visage.

- Oui, c'est la chanson de Sarcelles. Comment ça s'appelle?

- Les roses de Picardie.

Elle s'assied en face de lui, reprend la mélodie de sa voix claire, s'arrête, se lève soudainement, quitte la pièce.

C'est fini. A peine s'ils se sont rencontrés. Leurs souvenirs appartiennent à des univers parallèles...

Il n'y avait que le nom de Jacques qui semblait les lier, mais c'était pour les dresser l'un contre l'autre.

Ainsi, sa mère se montrait-elle sourde à ses questions sur ce dernier et, tout à la fois, semblait l'inviter à en prendre la place. Il sentait qu'elle se reposait sur lui. Elle lui faisait parfois quelque confidence, lui laissait la responsabilité des autres enfants lorsqu'elle s'absentait ou lui accordait les faveurs réservées à un aîné. Mais, s'il imaginait que cette distinction - reconnaissance mêlée de tendresse - l'autorisait à évoquer l'existence de Jacques, il se trompait. A la première allusion, elle se fermait et de nouveau le traitait comme un enfant avec qui on ne pouvait échanger raisonnablement. De son côté, si elle lui refusait une satisfaction, il se retirait dans une pièce voisine et, assuré qu'elle l'entendait, maugréait des rancoeurs pleines de sous-entendus.

Une fois qu'il réclamait de l'argent de poche en prévision d'une fête à Lumbres, elle lui opposa un refus, invoquant des factures impayées. Le samedi qui suivit, il était là lorsqu'elle reçut l'assistante sociale. Elle l'invita à les laisser seules dans la salle à manger. Il resta assis dans le canapé, un livre dissimulant son visage. Elle n'insista pas, mais, tout au long de l'entretien, jeta des regards inquiets dans sa direction.

L'assistante sociale semblait lui reprocher d'avoir attendu trop longtemps pour demander un secours. Elle ne répondait pas. Comment expliquer l'espoir de se débrouiller seule, les jours qui passent et cette perspective qu'on repousse? Refus de l'évidence. La fierté leur était trop commune pour que Pierre ne la devine pas. Une pudeur faisait écho à la honte de sa mère.

Raccompagnant l'assistante sociale sur le palier, il l'entendit s'excuser. Puis elle rentra, le considéra un instant et, devinant l'inutilité de toute explication, se dirigea à pas lents vers la cuisine. Pierre l'imaginait, assise sur une chaise, et le silence, qu'aucun mouvement ne venait troubler, suffisait à le convaincre de la honte qu'elle devait ressentir devant lui, son fils, témoin de son impuissance.

Mais une violence le poussait à l'accabler.

- Pourquoi tu ne demandes pas de l'argent à Jacques?

La voix de sa mère lui parvint de la cuisine, presque irréelle.

- Parce que je veux être libre, Pierre. Je me suis trompée deux fois. Tu ne veux pas que je recommence!... Jacques, c'est le passé.

L'homme qui enfin l'aurait apaisé, elle lui en interdisait même l'évocation! Plusieurs fois, il avait demandé à le revoir, n'obtenant en retour que des répliques fuyantes. Et, parce qu'il s'étonnait des prétextes invoqués, elle s'était énervée: "Je ne veux pas! Tu comprends ça... Qu'est-ce que tu peux en avoir à faire de Jacques. Il nous a laissés tomber... Ne m'en parle plus!"

Des phrases qui lui martelaient le crâne, prenant la place des maudits chevaux de bois, aussi cruelles que le manège des années anciennes. Et le regard de Jacques - ce souvenir de Survilliers - peu à peu s'estompait. Sans doute avait-il commencé plusieurs lettres. Mais... des lettres sans adresse, des mots qui ne rencontraient que l'absence! Et puis, chez les Detil, Jacques n'avait répondu à ses questions que par une impuissance désemparée: "Plus tard... Je t'expliquerai."

Comme sa mère! Leurs réponses, à l'un et à l'autre, se dérobaient. C'était donc si compliqué de comprendre le désir d'un enfant pour son père! C'était donc si difficile de dire à son fils qu'on avait envie de le revoir! Comment construire une vie sur des impossibles, des mots qui dissimulent?

Lorsque Pierre en parlait avec Dominique, celui-ci l'approuvait sans réserve dans son attente. Aussi s'était-il pris d'audace.

- Toi, tu pourrais dire à ma mère de contacter Jacques.

Dominique avait eu un mouvement d'impuissance.

- On le lui a déjà demandé, Pierre. Nous n'avons aucun moyen de l'y obliger.

Quelques semaines plus tôt, l'éducateur avait laissé entendre que seul le juge était en mesure de contraindre sa mère. Depuis, un doute élançait Pierre, qu'il décida de partager.

- Si Jacques demandait au juge, on lui accorderait le droit de me voir?

Dominique hésita un instant, puis concéda:

- Sans doute.

- S'il ne l'a pas fait, c'est qu'il n'a pas vraiment envie de me revoir.

Cette phrase, il l'avait prononcée d'une voix blanche. Par la vitre, il suivait les reliefs changeants du bas-côté: hautes herbes, rigole d'évacuation, macadam d'une aire de stationnement, et de nouveau les herbes... L'éducateur l'avait pris en voiture alors qu'il remontait du collège. Etait-ce l'inattendu de la rencontre ou la douceur de cette après-midi d'automne...? Une nécessité l'emportait: il ne pouvait continuer de vivre sur une illusoire attente.

La voiture avait franchi le portail de l'Institution et empruntait maintenant une allée bordée de platanes. Dominique conduisait lentement, s'interrogeant sur la réponse à apporter.

- Tu as peut-être raison, dit-il finalement.

Ce n'était pas les mots qu'attendait Pierre. La confiance qu'il accordait à Dominique était à la mesure de sa sincérité. Mais, qu'elle se révélait cruelle en cet instant!

- Il faut que je me fasse à l'idée que je n'ai pas de père, murmura-t-il, le visage toujours collé à la vitre, entre violence et abattement.

Dominique s'était garé devant le bâtiment de service. Le moteur coupé, il garda le silence. Puis commenta:

- Tu ne peux pas dire ça. Il n'y a que lui qui le sache.

- Tu crois que c'est facile de vivre sans savoir!

La colère l'emportait. Il sortit de la voiture en claquant la porte, escalada le perron. Dominique le rejoignit en courant et lui tendit son cartable. Visage toujours baissé, Pierre l'attrapa d'un geste brusque. Dans le couloir, il ralentit l'allure et, à l'instant où l'éducateur le quittait pour ranger les clés, il glissa à son intention:

- Certaines fois, je préférerais qu'il soit mort.

L'éducateur le retrouva dans la salle d'étude. Affectant une innocence amusée, il demanda:

- De qui parlais-tu tout à l'heure?

- De toi, imbécile! répliqua Pierre, entre le rire et l'envie de pleurer. Il y avait trop d'émotion dans leur échange.

Ce jour-là pourtant, il sut la contenir, trouvant le courage d'une gaieté passagère. Peut-être à cause du soleil d'automne, des herbes folles au bord de la route... Ou parce que Dominique avait trouvé le ton. Peut-être...

Il n'en était pas toujours ainsi. A son arrivée dans l'établissement, il s'était juré de ne pas se livrer. Tant d'autres avaient abordé sa vie pour ensuite s'en détourner! Mais ce masque d'assurance détachée qu'il se donnait - se souvenant de Patrice - à peine quelques semaines put-il s'y conformer. Puis, les attaques de Bernard, l'oubli de Jacques... C'en était trop. L'attention de l'éducateur, cette présence qu'il devinait soutenue par un certain bonheur, l'avaient emporté.

Pourtant, si la puissance du sentiment ranimait une émotion lointaine, elle élançait aussi la douleur. Plaie frémissante, que chaque joie traversait comme une lame. Dominique acceptait-il de le suivre dans l'entrelacs de ses caprices enjôleurs, ignorant ses pointes d'excitation ou riant de ses moqueries, et bientôt le manège reprenait sa course. "Encore, encore!" pensait Pierre, poussant son exigence à l'extrême. Maudits chevaux de bois qui tournoyaient, de plus en plus rapides. Une course qu'il fallait entreprendre plus loin. Toujours.

Dominique redoublait d'indulgence, reculant devant un acte d'autorité. Pierre ne mesurait plus sa demande: manifestant un désir qu'on ne pouvait satisfaire, opposant une inertie boudeuse, surprenant une fermeté par un revirement séducteur et, de nouveau, provocant d'insolence. Personnages qui s'entrechoquaient; d'autres visages recouvraient celui de Dominique. Les sentiments le submergeaient, extrêmes, entre la tendresse et la haine. La tendresse pourrie par la haine.

La confrontation ne se résolvait alors que par violence. Une injure proférée à la cantonade, un défi qui acculait l'autorité de l'adulte, la sanction tombait, intolérable. Et parfois même, la main de Dominique s'abattait. Avec d'autant plus de démesure qu'elle s'était longuement contrainte. La fureur de Pierre atteignait son comble. Laissé à lui-même, il aurait défoncé une cloison, descendu un carreau. Dominique tentait de l'entraîner à l'écart. Il le poussait dans le couloir. Cette contrainte du corps était insupportable. Si l'éducateur le pressait quelque peu, Pierre se dégageait d'un mouvement d'épaule ou, se retournant, le rejetait en arrière du plat de la main.

Dominique l'abandonnait dans la salle d'activité déserte.

- Je viendrai te chercher quand tu seras calmé.

Il accompagnait son départ d'insultes, tambourinait de ses pieds dans les plinthes, lançait encore un flot d'injures, crachait sur la tapisserie. S'épuisant... Se laissant glisser le long du mur, accroupi, serrant ses genoux dans ses bras. Vidé de sa haine, honteux, désespéré.

Avec le goût amer de la défaite. Pourquoi Dominique n'avait-il, d'une froide autorité, contenu le flot de son angoisse? Il le détestait pour son indécision, puis la violence à laquelle il cédait brusquement. Odieuse, elle ravivait l'image d'un être qui ne connaissait pas ces hésitations. Cet homme, qui le dominait de sa brutale assurance, Dominique n'aurait jamais osé l'affronter! Ni ne saurait l'en prémunir...

En ses lendemains de colère, Pierre retrouvait un tyran pointilleux. Chaque décision de Dominique devenait un abus d'autorité, chaque geste une vexation, chaque remarque une calomnie. Face à face tendu, l'affrontement se nourrissait de lui-même...

Puis le temps passait, les souvenirs s'apaisaient. Dominique avait un geste conciliant, un mot affectueux. Il souriait, jouait aux cartes, prêtait son concours à la confection d'une maquette. Même ses allusions aux jours de tempête - "Tiens, le temps a l'air de se lever." - n'avaient plus l'ironie que Pierre leur conférait auparavant. Il en aurait presque ri, si quelque fierté ne le retenait encore. Et il offrait en retour un sourire où le refus le disputait à la connivence.

Bientôt, remontant du collège, il sollicitait l'éducateur sur un exposé à réaliser, proposait ses services dans la préparation d'une sortie, venait manger à ses côtés. Les lumières éteintes, Dominique s'asseyait sur son lit. Quelques minutes ils parlaient, et, propos d'importance ou plus ordinaires, autant que les mots, comptait le lien qu'ils tissaient.

L'éducateur le quittait. Seul, il s'évadait. Dominique, se disait-il, je l'aime comme un frère, s'enivrant de cette image, à laquelle il pouvait conférer des sentiments variés, diamant aux facettes infinies, demandant plus encore, son désir n'acceptant aucune limite; le vide de son coeur ne se comblerait jamais...

Mais Dominique, lui-même, restait impuissant devant l'interdiction de sa mère. Quant à Jacques... Quel espoir placer dans un être qui se révélait incapable de manifester son attente!... Certains jours, Pierre se demandait si Bernard n'avait pas raison: il ne fallait rien attendre des adultes. Pour brutal que soit ce compagnon, au moins ne l'entretenait-il pas de vaines promesses. Presque à l'image de Patrice, cette indépendance taciturne...

- L'infirmière, s'est fait voler cinq cent francs!

Avant même que les adultes ne l'annoncent, la nouvelle avait traversé le groupe. C'était un lundi soir. Pierre ne l'oubliera pas. La veille, on avait fêté ses treize ans à l'appartement.

Le repas achevé, on entama une longue veillée silencieuse dans la salle à manger. Chaque pensionnaire la quittait à son tour pour être interrogé par les éducateurs dans la chambre de veille. Rien n'en sortit et, les jours qui suivirent, ils exercèrent un contrôle soupçonneux sur les actes les plus ordinaires, reprenant leurs interrogatoires avec l'un ou l'autre, confrontant des déclarations, traquant des incohérences. Les rumeurs les plus folles circulaient. De vieilles rancoeurs surgissaient. On épiait le voisin de lit, on doutait de l'ami, on sursautait à la moindre allusion. Chacun ne vivait plus que dans l'attente d'un dénouement toujours à venir. Mais, plus le temps passait, plus l'événement s'opacifiait dans les cheminements de la peur et, à la fin, nul n'aurait su dire ce qu'il pouvait dissimuler.

Une image obsédait Pierre: celle de Gilles qui fouillait un manteau. Il était en effet de ceux qui, ce soir-là, avaient investi la salle à manger du personnel d'un provocant chahut. Les adultes s'étaient retrouvés dans la cuisine autour d'un apéritif et, dépités de ne point partager leur fête, on s'offrait une revanche.

- Si on piquait des cigarettes? avait lancé Bernard.

Déjà Gilles plonge la main dans la poche d'un vêtement accroché au portemanteau. La surprise sur son visage. Pierre s'immobilise; un enfant se glisse vers la porte, le touchant de la main au passage, comme s'il voulait l'entraîner. Mais il ne peut se détacher du regard de Gilles, qui cherche une indication dans les yeux de Bernard. Celui-ci hoche la tête. Une femme de service passe devant Pierre, qui s'enfuit.

Billets de cent francs peut-être intacts sous une motte de terre, jamais utilisés ou transmis de main en main. Pierre imaginait leur voyage incertain... Vision que venaient recouvrir des images anciennes: un porte-monnaie sur un buffet, la poche d'un pantalon d'homme, des pièces qui s'entrechoquent sous les doigts...

Cinq cent francs! Le soir du vol et ceux qui suivirent, un rêve l'emporta. Il s'échappait de Lumbres, la nuit, le train, son arrivée dans la capitale, recherches difficiles dans la banlieue Nord - Jacques habitait-il encore Sarcelles? - retour sur Paris dans une modeste chambre, malheureux hasard qui repoussait leur rencontre - Jacques venait de partir pour le Moyen-Orient - ses ressources s'amenuisaient, dernier billet entamé, il fallait tenir, le jour se dissimulant dans l'encoignure du palier sur lequel s'ouvrait l'appartement de Jacques, à moins que même... par une audacieuse escalade il n'ait réussi à y pénétrer pour l'attendre, lui, cet homme fatigué de sa course et qui rentrait le sac sur l'épaule, apparition stupéfaite, radieuse... Le rêve devenait indicible. Il fallait le reprendre, sans jamais atteindre le point au-delà duquel tout ne pouvait plus être qu'ordinaire.

Alors, quelle raison aurait été assez puissante pour le convaincre de confier aux adultes ce qu'il savait? Cet acte emportait l'imagination en de telles contrées!

D'autant qu'il doutait, n'ayant rien vu du geste décisif. Et Bernard rejetait toute équivoque: "Gilles a touché les billets, d'accord. Mais sans les sortir."

Tout de même, il osa demander:

- Pourquoi tu as fait: "Oui" de la tête?

- Tu rêves, s'était exclamé Bernard avec un sourire de commisération. J'ai seulement conseillé à Gilles de laisser tomber, puisqu'il n'y avait pas de cigarettes... Ne t'avise pas d'en parler aux éducateurs. Ils ne se gêneraient pas pour nous accuser.

Et il ajouta:

- Peut-être que l'argent a été perdu, après tout... A moins que le voleur ne soit un adulte?

Providentielle suggestion! Il n'y avait plus d'alternative; dans un monde résolument hostile, la solidarité devait être sans faille. Cette nouvelle perspective, Pierre y adhéra aussitôt. Bernard avait raison, qui se méfiait des raisonnements adultes et savait retourner le mensonge contre ses auteurs. A la mesure de la confiance qu'il accordait désormais à son aîné, grandissait le mépris qu'il éprouvait à l'égard de Dominique. La façon dont celui-ci, toujours, pondérait ses jugements, les excuses qu'il fournissait à Jacques, les explications qu'il apportait à la conduite de sa mère... Tout cela n'était que prudence. Cette prudence qui révèle les faibles. Bernard, au moins, tranchait, compagnon lucide qui ne se perdait pas dans les détours du sentiment. Bien qu'il voulut se garder de toute émotion, Pierre se sentait parfois bouleversé de gratitude envers lui, retrouvant cet apaisement qu'offrait la soumission...

Quelques jours durant, il s'enivra de ces pensées simples. Puis, le silence de Bernard le troubla. Pourquoi les explications, qu'il fournissait à quelques proches, ne les partageait-il pas avec tous les pensionnaires? Cette cohérence du raisonnement devant laquelle les propos des adultes semblaient perdre toute réalité, pourquoi ne leur jetait-il pas au visage? Il finit par douter et, n'y tenant plus, s'en ouvrit à Bernard. Celui-ci maugréa quelques phrases équivoques sur sa naïveté, sans qu'il comprenne de qui il était le dupe.

Gilles les avait rejoint. Téméraire, Pierre évoqua de nouveau la scène du manteau. Imaginait-il que ses camarades le rassureraient une fois encore sur leur innocence? Ou, tout au contraire, se jugeait-il suffisamment lié à eux pour recevoir leur confidence? La confusion de ses sentiments était telle qu'il se serait conformé à l'une ou l'autre réponse. Mais les deux adolescents n'envisageaient que le risque encouru. Ils se firent menaçants: "Si tu n'as rien vu et que tu nous dénonces, tu es un salaud... Et, si tu en sais tant que ça, il fallait parler le premier jour. Maintenant tu es complice." Sarcasme de leurs regards, ils le méprisaient pour son inconstance. La soirée durant, il reprit leurs propos, raisonnement pervers qui n'offrait aucune échappatoire. Une évidence le gagnait: en se reposant sur la détermination de Bernard, il s'était menti à lui-même. Ne lui restait d'autre issue que le silence.

Aussi ne put-il se défendre d'un soulagement lorsqu'il apprit que les éducateurs renonçaient à leurs recherches! Avec les autres enfants, il sortit de la salle à manger où on les avait réunis. Comme les autres enfants, il se taisait. Comme eux, il voulait oublier. Ramassant un illustré, il s'allongea sur son lit. A peine s'il le parcourait, se relâchant dans une respiration lente.

Bernard l'avait rejoint. Pierre l'ignorait. Son compagnon feignit la connivence.

- Alors, tu as vu!

Il ne répondit pas. L'assurance de cette voix avait perdu de sa magie. Comme une mélodie trop entendue, on ne frémit plus à ses accents.

- Quoi? concéda-t-il de ce ton poli qui marque le désintérêt.

Bernard s'énervait.

- Eh bien, je te l'avais dit. Les éducateurs n'ont pas osé... Tu vois, je...

- Justement, le coupa sèchement Pierre.

Et, comme Bernard tentait de le reprendre:

- Justement quoi, petit Pierre?

- Justement tu m'embêtes, conclut-il, sautant du lit. Et il sortit de la chambre, le laissant stupéfait.

Justement quoi? Il n'en savait rien! Le mot lui était venu comme ça. Mais, justement, aucun terme ne convenait à ce qu'il ressentait. Une lassitude et, conjointe, une résolution: se refuser à toute allégeance. Ni celle des adultes, ni celle de ses semblables. Il n'était d'aucune racine. Ce sentiment d'un espace qu'il voulait sans frontière...

Pour marquer son indépendance, Pierre décida de ne plus descendre au collège en compagnie de Bernard et Michel. Tandis que ceux-ci achèvent leur petit déjeuner, il s'échappe. Peu lui importe d'apercevoir leurs silhouettes lointaines sur la route. Il les laisse réduire la distance, puis force la cadence et se détache, exultant de ce rythme qu'il imprime à son corps.

Si, certains matins, pour déjouer son stratagème, Bernard et Michel se hâtent dans leurs préparatifs, il fait mine de n'en rien soupçonner et, lorsque ceux-ci viennent le chercher:

- Arrive! On part.

- Je ne peux pas, leur répond-il, affairé dans son armoire, je ne trouve pas mon cahier de texte.

Il prolonge l'attente à l'extrême.

- Partez sans moi, je vous rejoindrai.

Et, comme ils hésitent encore, Pierre ajoute avec une gravité feinte:

- Dites au professeur que je vais être en retard.

Puis, les rejoignant essoufflé à la grille du collège:

- Je l'ai trouvé, annonce-t-il victorieux, les abandonnant de suite, ahuris et mauvais, pour se précipiter vers la salle de cours.

Bernard lui confie-t-il une revue d'adulte qu'il vient d'acheter au village...

- Cache-la dans ton cartable. Tu me la rendras ce soir.

Pierre hésite, puis, trouvant la parade, saisit le journal.

- D'accord. Je le dépose sur ton lit?

Son camarade le fixe un instant, entre la colère et l'incrédulité. Pour se donner une contenance, Pierre feuillette le journal. Vivement Bernard l'arrache de ses mains.

- Tu te moques de moi? Tu veux que je me fasse pincer?

- Mais non, réplique-t-il. Tu as dit que c'était toi qui décidais, pas les adultes.

Et il prend la fuite, effrayé de la pique qu'il n'a su retenir. Car la peur le tient toujours au ventre. Mais, si ses mains tremblent à la perspective de l'affrontement, il les cache dans ses poches. Son regard se fige-t-il? Il le porte sur un détail alentour. Sent-il que son corps va le trahir? Il l'oblige au mouvement. Ses dérobades sont autant de résistances. Et, lorsque Gilles lui demande un achat, il se détourne des pièces qu'on lui tend.

- Je ne prends que les billets de cent francs...

La nuit qui suit, accompagné de Bernard, Gilles vient uriner sur son lit. Pierre se réveille brutalement. Une cavalcade, deux ombres s'effacent dans l'encadrement de la porte. Il n'a même pas eu le temps de crier. Quelques secondes pour surmonter son dégoût et calmer un coeur qui bat la chamade...

- Dominique, Dominique!

Il frappe à la porte de la chambre de veille. Ebouriffé de sommeil, l'éducateur apparaît.

- Donne-moi une paire de drap, j'ai vomi.

- Tu es malade?

- Non, non. J'ai rincé mes draps. Ils sont au sale.

Dominique lui tend des draps.

- Tu es sûr que ça va?.. Je vais t'aider à faire ton lit.

Avec assurance, Pierre le fixe:

- Je vais me débrouiller. Bonne nuit.

Le lendemain, Gilles trouve sur son lit des draps qui sentent l'urine. Il se hâte de les déposer dans la panière de linge sale, partagé entre la honte et le dégoût. Dominique survient et ne dissimule pas sa surprise. Gilles s'empêtre dans une explication. Au bout du couloir, affectant la nonchalance, Pierre le considère. Un défi dans le regard. Il n'a plus de maître.

Il devinait qu'un temps s'achevait. Une force montait en lui, encore contenue et qui semblait rassembler les années vécues à Crépy et chez les Detil, les années depuis que sa mère l'avait repris... Et rien n'est plus doux que le crépuscule d'une longue journée d'été.

En juillet, Pierre accompagna ses camarades dans un séjour à la montagne. Bonheur profond de cette époque! Cristallin d'un lac d'altitude, cerné de parois abruptes. Les sommets en arêtes se découpent sur la transparence de l'air, pur tranchant de l'être.

Et en même temps, souvenir enclos dans un chalet de bois sombre, l'une de ces demeures montagnardes dont les planchers craquent sous le pas. Ocre des pièces habitées de très vieux meubles. Par d'étroites ouvertures, la lumière d'été y pénétrait en plages avares.

Le hameau qui les accueillait était retiré en fond de vallée. Une route étroite qui s'enfonce dans la forêt. Peu à peu, les arbres s'espacent, quelques granges, accrochées à la pente, apparaissent. Des habitations autour d'une fontaine de pierre. Un torrent emplit l'air d'un bruissement sourd et continu.

Le matin, ils l'envahissaient, attaquant de suite la construction d'un barrage jamais achevé. Courses désarticulées sur les rochers, cris d'effroi, déséquilibres soudains et rires jaillissant au milieu d'éclaboussures glacées. Au-dessus, s'étendait la prairie à l'herbe haute, colorée de mille fleurs, bordant la masse sombre de la forêt. Là, des sapins aux rameaux bas, encastrés entre des roches, permettaient d'achever quelque cabane passagère sur un sol tapissé d'aiguilles sèches.

Après le repas, ils entamaient une randonnée. Sous la voûte des hauts conifères serpente un sentier ombragé, entrecoupé de ruisselets qu'a fait naître l'orage de la veille. Bientôt, le chemin se redresse durement, laissant place en certains passages à des couches d'ardoises brisées. On atteint une clairière, le soleil frappe, le hameau, entr'aperçu, n'est plus qu'une miniature.

Les plus jeunes font halte à proximité d'un chalet d'alpage. Dominique continue avec quelques adolescents, dont Pierre. Son corps se soumet à cet effort pondéré de la marche en altitude, porté par une joie retenue. La forêt laisse place à une herbe rase, entrecoupée d'éboulis, parsemée de bosquets trapus, derniers assaillants d'une conquête épuisée par la rigueur du climat. La course se termine à cru, le souffle court. Un vent froid caresse le mamelon pelé et on frissonne sous les maillots trempés de sueur.

Parvenu au sommet, Pierre se tenait à l'écart, considérant le relief montagneux à perte de vue. Avec le sentiment d'une victoire. Et aussi celui d'appartenir à cet espace sans contrainte.

Lors de la descente, il se retrouvait parfois à marcher seul avec Dominique. Leur lien s'était apaisé et Pierre se prêtait avec bonheur à l'inattendu de ces rencontres.

Non sans malice, Dominique évoqua une fois la nuit où il avait été malade.

- Toi qui vomis, Gilles qui...

Pierre l'avait aussitôt interrompu:

- Arrête, tu vas en dire trop.

Mais Dominique se moquait bien de ses protestations.

- La rigolade, quand j'ai compris!

Son expression était narquoise. Puis elle devint plus grave.

- Ils ont trouvé un adversaire qui les vaut.

Pierre dissimula une fierté.

- Tu sais, j'ai toujours peur.

Ils se turent. La pente les obligeait à une allure rapide. Lorsque, ayant atteint un sentier forestier, le dénivelé s'adoucit, Pierre compléta:

- Mais ils ne décident plus.

Ce jour là, abandonnant le tracé du chemin, on coupa à travers bois. Par instants on s'arrêtait pour se rassembler, joyeux, essoufflés, puis repartant au milieu de chutes ponctuées d'exclamations, de pieds qui dérapaient sur l'ardoise ou s'inondaient dans un ruisselet.

Sur la route qui menait au chalet, Pierre dit incidemment:

- J'ai revu Patrice à Boulogne. Il prend Sylvie certains week-ends maintenant.

Un silence. Puis Dominique demanda:

- Et alors?

- Alors rien.

Rien. A l'égard de cet homme, il avait manifesté une politesse distante. Sans ressentir d'émotion. Il l'oubliait. Quant à Jacques... "Il n'y a que lui qui le sache." avait dit Dominique. Il lui semblait pouvoir s'abandonner à cette idée pendant quelque temps. Un jour viendrait...

Couvert de sueur, brisé de courbatures, il se relâcha sous une douche. Puis, libre dans un vêtement léger, s'assoupit sur une banquette du chalet.

Dominique dut le réveiller pour le repas. Il s'étira d'aise.

- J'étais au Canada.

- Un pays dont tu rêves...

Les yeux de l'éducateur évoquaient une complicité.

- Pourquoi tu dis ça? s'étonna Pierre.

- Sur ton visage, il y avait un sourire.

CHAPITRE 8

- Ca fait combien de temps que Bernard a quitté l'établissement?

Dominique réfléchit.

- Deux ans en juillet, je crois.

Intrigué, il considérait Pierre. Celui-ci souriait d'un air mystérieux, prolongeant le silence. Enfin, il accorda:

- Au début, j'aurais voulu être comme lui... Quand j'y pense aujourd'hui, ça m'amuse.

Qu'elle paraissait lointaine son enfance indécise! Et profonde sa liberté!

- Aujourd'hui, tu as quinze ans et des projets plein la tête! A peine si je t'ai vu grandir, *Petit Pierre*.

Un sourire les rassembla. Dans la moquerie de Dominique, il y avait cette gravité qui donnait du prix à ses mots. Un silence. Puis l'éducateur saisit la chemise cartonnée sur la table qui les séparait.

- On le regarde, ce dossier?

Pierre avait exprimé le désir de consulter son dossier afin d'entourer de quelques repères la discontinuité de ses souvenirs. Confusément, il attendait plus encore. Avec une inquiétude.

Cette décision, plusieurs fois repoussée, quelle nécessité la soutenait?

En compagnie de Dominique, il examina les différentes pièces du dossier, retrouvant parfois avec surprise des événements oubliés ou sur lesquels il portait un autre regard. Mais, pour l'essentiel, ces écrits lui apportaient des confirmations. Vaguement insatisfait, il feuilletait distraitement des formulaires administratifs rassemblés dans une sous-chemise, quand son regard s'attacha à la photocopie d'un papier timbré.

- Qu'est-ce que c'est?

- Un extrait d'actes de naissance... Ca vient de la mairie de Sarcelles. On l'a fait le jour de ta naissance.

Déjà il parcourait le texte calligraphié: "*Le sept juillet mil neuf cent... , huit heures, est né à la maternité de Sarcelles, Pierre, Philippe, Christian, de Yvette, Louise, Marie Boron, née le quinze janvier mil neuf cent... à Versailles et...*"

Il se heurta aux mots qui suivaient. Et plusieurs fois dut les lire avant d'oser demander:

- Qu'est-ce que ça veut dire: *de père inconnu*?

- Quoi?

Dominique avait saisi l'extrait d'actes de naissance. Dissimulant mal un étonnement inquiet, il parcourut d'autres papiers et conclut, avec un certain embarras:

- Tu es sans doute né avant le mariage de tes parents... Mais sur cette fiche individuelle d'état civil - tu avais un an alors - c'est écrit: *Pierre Mallard* et il y a le prénom et le nom de ton père, *Jacques Mallard.*

Il laissa passer un silence puis ajouta, mais sans la conviction chaleureuse avec laquelle il rassurait parfois:

- Il a dû te reconnaître au moment de leur mariage.

Aucune phrase ne pouvait apaiser le désarroi de Pierre. Et même le bonsoir de Dominique était traversé d'impuissance. Il avait regagné sa chambre. Allongé dans son lit d'internat, il luttait contre ces trois mots: *de père inconnu.* Mais rien ne venait contenir la lente progression du poison. Dans ce dossier, il croyait trouver des certitudes. Et la chemise cartonnée s'ouvrait sur un abîme que la reconnaissance tardive de Jacques ne parvenait à combler.

Pourtant elle était authentifiée par le nom qu'il portait! Mais ce *Mallard*, auquel il s'agrippait, semblait soudain dénué de réalité: un nom mort. Les racines auxquelles il tentait de s'attacher rompaient là où il en attendait le plus d'évidence. Ballet noir, l'élégante calligraphie de son acte de naissance dansait devant ses yeux. Témoignage qui élançait un doute si lointain. Et tout autant mise en garde de ne pas aller plus avant

- Pourquoi je suis né avant votre mariage?
- Où est-ce que tu as vu ça?
- Dans mon dossier. Celui que j'ai à Lumbres. Il y a un papier écrit: *de père inconnu.*

Ils étaient seuls devant la télévision, l'un à côté de l'autre sur le canapé. Perspective qu'il repoussait, mais aussi volonté de prendre sa mère au défaut de la fatigue, Pierre avait attendu la fin des émissions pour poser sa question. Dans l'obscurité qui baignait la pièce, il la devinait figée, le visage agité de contractions involontaires. Brusquement, elle reprit:

- Mais qui t'a montré ça?
- Dominique... J'ai demandé à voir mon dossier.

Il y avait à peine trois jours... Trois jours que la peur lui tenait au ventre, qu'il retournait toutes les éventualités. Entre le désir de s'accorder au silence dont on l'entourait et celui de ne plus jamais les revoir, ni Jacques, ni sa mère. Et puis, contraire, la décision s'était imposée à lui. Une détermination qui l'emportait, sans rien y pouvoir.

- De quoi se mêlent-ils? cria soudain sa mère. Ma vie ne les regarde pas.

Sèchement, il répliqua:
- Pourquoi tu ne réponds pas?
L'indulgence qu'elle pourrait invoquer, les menaces - dérisoires - qu'elle pourrait proférer, rien n'entamerait cette fois son exigence. Sa mère l'observait à la dérobée. Mais il affectait de ne pas s'en apercevoir, devinant que ce silence immobile la désemparait plus encore. Soudain elle s'abandonna. Son corps s'affaissa, sa tête retomba dans le creux de ses mains. Sans bruit, elle pleurait.
- Ecoute, ton père t'a reconnu plus tard.
Puis elle se raidit de nouveau, comme si elle avait fixé sa dernière limite. Croyait-elle encore l'y contraindre! Elle trouva le courage de le regarder, affrontement muet qu'il soutint sans émotion. Et, vaincue, elle détourna les yeux, murmurant dans un sanglot étouffé: "Tu verras Jacques bientôt... Je vais m'en occuper." Et, comme si elle renonçait désormais à le conduire selon ses voies: "Ca devait être ainsi... Tu demanderas à Jacques."
De nouveau il se heurtait au vide. Avec seulement un prénom qui lui réchauffait le coeur. Un prénom qu'enfin elle n'avait plus prononcé comme celui d'un étranger. En quelque sorte, qu'elle lui accordait désormais de partager... Mais aussi, pourquoi se sentait-elle menacée devant ce qu'il attendait si simplement: un père, un nom, une histoire sans espaces interdits? Ce passé, auquel elle tentait d'échapper, était aussi le sien et personne ne l'empêcherait de le posséder!

*　　*

*

Le convoi pénétrait lentement sous les verrières de la gare du Nord. Les voyageurs se levèrent. Pierre les suivit. Un mouvement de bonheur l'avait emporté en apprenant que Jacques l'accueillerait chez lui. Un mouvement qui l'avait soutenu tout au long du voyage vers Paris. Mais, désormais, la peur le gagnait. Dans quelques instants, il reverrait celui que toute une enfance avait espéré! Un face à face allait les jeter l'un contre l'autre et il se dérobait aux sentiments qui auraient dû le bouleverser. Qu'il était dérisoire l'espoir qui l'avait conduit jusqu'à cet homme!

Déjà la foule l'entraînait et il n'était plus lui-même mais Jacques qui là-bas l'attendait. Jacques fondu au milieu de ces êtres qui agitaient leurs bras, se penchaient vers des enfants et montraient du doigt au loin, de ces visages complices, de ce bonheur simple des retrouvailles. Se souvenait-il de leur rencontre chez les Detil, pleine de pudeurs hésitantes?

Et lui-même, le reconnaîtrait-il? Des têtes se dressaient, des corps se haussaient, s'effaçaient puis à nouveau surgissaient de ce moutonnement. Cet indistinct où l'on se laisse aller d'impressions fugitives en fausses reconnaissances. Etait-ce lui? Non, celui-là tendait les bras à une femme. Cette silhouette! Un tressaillement. Aussitôt réprimé. Jacques n'avait pas cette contenance raide. Peut-être cet autre? Une expression, la courbe d'un menton, l'inclinaison d'un visage, il le voyait partout, qui s'échappait...

Pierre s'arrêta, son sac par terre, les mains vides. La gare se vidait autour de lui... Et, d'un coup, il le devina, si semblable et si différent de son souvenir, étranger et pourtant retrouvé. Jacques marchait à sa rencontre, un fragile sourire sur les lèvres. Ils s'étaient reconnus.

Pierre, lui serra la main. Jacques prit son sac et demanda:

- Tu as fait bon voyage?

- ...

- Viens, on va chez moi.

Il le suivit, s'absorbant dans le mouvement de ses pas. De temps en temps, Jacques se retournait. Ils parvinrent à la voiture. Jacques démarra. Ils étaient seuls, ensemble.

"Voilà mon appartement." Jacques l'invitait à entrer. Pierre s'arrêta devant une étagère emplie de livres, puis dirigea son regard vers des posters: le porte-hélicoptères Jeanne d'Arc et un trois-mâts cinglant toutes voiles déployées. Il se tourna vers Jacques, désignant d'un mouvement du menton la maquette d'un chalutier de pêche arrière sur la télévision.

- C'est ça tes camions? dit-il.

- Ah! les camions... Non, tu vois, mon truc, c'est plutôt les bateaux...

Et, comme Pierre restait interrogateur:

- J'ai fait mon service dans la marine... Les voyages lointains, j'ai toujours rêvé...

Les mots étaient empreints de mélancolie, mais le regard qui les accompagnait ne pouvait se retenir d'un plaisir à les prononcer. Une pensée traversa Pierre. Cet homme aussi, l'évasion, l'inconnu. Ils portaient la même trace... Brusquement il se détendit, avec le sentiment de retrouver leur complicité de chez les Detil. Et de s'engager dans un nouveau voyage.

Autour d'un café, Jacques se laissait aller à la confidence.

- Je me suis engagé pour trois ans... J'ai fait la Martinique, la Guadeloupe, la Nouvelle Calédonie... Ce que j'aimais, c'était la mer. Et puis les îles... Les îles, c'est nulle part, ça dérive comme un bateau... C'est toujours le voyage.

Ses mots le berçaient comme un ressac. Il l'écoutait en songeant aux trains de Grand-Pap. La trajectoire de Jacques s'inscrivait dans une magie aux accents si proches.

Mais celui-ci s'interrompit:

- On ne parle que de moi. Raconte, toi, ce qui s'est passé depuis Survilliers.

- Oh... je suis dans un internat... Je vais au collège.

Laconique réponse. Pourtant, l'attente de Jacques était telle qu'il s'en saisit comme d'une joyeuse découverte.

- Tu fais de l'anglais?

- Oui. Tu en as fait aussi?

Un sourire de Jacques, comme une dérision.

- Non. Tu sais, j'ai juste le certificat d'étude.

Puis se moquant:

- Et tout de même mes permis poids lourds et super poids lourds.

- Jusqu'où tu vas avec ton camion? relança Pierre.

- En Turquie quelquefois, concéda Jacques, et, de nouveau tournant la conversation à son gré: "Dis-moi ce que tu deviens."

Pierre s'était levé pour prendre un verre d'eau à l'évier. Il devinait que Jacques le considérait. Qu'attendait-il de leur rencontre? Lui n'était venu qu'avec une question, définitive. Qu'il avait imaginé poser sans détour. Afin que plus rien ne les sépare.

Mais la force lui manque. Il faut d'abord que se tisse le lien qui les attachera. Déjà il ne veut plus entendre qu'une réponse. Ce qu'il pourrait apprendre... Inconcevable! Et puis, à quoi bon fouiller le passé! Aujourd'hui les appelle de sa tendresse.

Alors il parle de Lumbres, évoquant des anecdotes, des personnages, des habitudes. Jacques l'interroge, veut en savoir plus, connaître bonheurs et désarrois. Mais ce lieu est trop riche de sentiments pour en évoquer aisément la mémoire intime. Pierre hésite, se tait, reprend. Jacques écoute avec cette délicatesse qui parfois détourne les yeux lorsque frémissent des lèvres ou se trouble un sourire. Une vie ne se raconte pas, elle se surprend au détour d'une confidence, elle jaillit au creux d'un abandon.

D'ailleurs, Pierre se prend à évoquer cette matinée d'hiver où il osa affronter Bernard. Sa peur, sa colère, remontent entremêlées. La route devant lui, le macadam qui défile sous ses pas, le froid qui ne saurait l'atteindre, le ciel qui s'accorde à sa révolte. Un peuplier s'incline au vent, une voiture au loin disparaît. Et, sans honte, il peut rejoindre l'établissement. Il existe.

Tout de même, Jacques s'étonne de cette fuite inutile. Mais Pierre ne peut qu'invoquer un mouvement irrépressible, une insolence jetée à la face de ceux qui le dominaient. Et, sur cette réponse, Jacques se lève pour le conduire à sa chambre.

Dans le couloir, il murmure: "Je ne t'ai pas vu grandir."

Evidence qui le trahit.

Le lendemain, au musée de la Marine, Jacques l'invitait en sa passion, des bateaux de commerce phéniciens jusqu'aux vapeurs du Mississippi, des felouques du Nil jusqu'au naufrage du Titanique. Et elle ne se contint plus devant les long-courriers du XIX° siècle, fins vaisseaux des grandes mers, trois-mâts au pont étroit et à la voilure gigantesque.

- Regarde, c'est l'achèvement de la marine à voile, la perfection dans la rapidité et la beauté.

Il évoquait leur étrave qui fend la vague, leur inclinaison au vent, leur élan silencieux, lame effleurant la surface de l'eau. Et presque oubliait la présence de Pierre, fébrile dans son plaisir, fasciné par la précision des maquettes, formulant à son seul profit des commentaires entrecoupés d'exclamations.

Moqueur, Pierre l'avait arrêté:

- La prochaine fois que je viens, on ira visiter le musée du Chemin de Fer. Tu verras comment les anciennes *vapeurs* dévoraient tes miles.

- J'aimerais savoir qui t'a donné le goût de ces monstres d'acier, répliqua Jacques dans un murmure pour ne point troubler le silence de la salle.

Tandis qu'ils regagnaient l'appartement de Sarcelles, Pierre reprenait cette dernière question, se promettant d'y répondre plus tard. Le bonheur dansait dans sa tête. Etait-ce un père qu'il avait retrouvé? Ou Jacques devenait-il le très simple compagnon de son itinéraire? Dans la lumière mouillée des lampadaires, furtivement il le considérait. Cet homme ne tentait pas de le conformer à son image et cet effacement l'apaisait.

- C'est ici.

Ils étaient devant l'entrepôt où Jacques garait son camion. Pierre se haussa sur un parpaing pour regarder à travers l'un des hublots.

- Quand as-tu une remorque en plus?

- Je te l'ai déjà dit. Quand je vais très loin.

- Ca te plaît?

Jacques ne semblait pas l'avoir entendu. Pourquoi était-il devenu routier après son départ de Sarcelles? Son voyage, c'était la mer, pas la route. Façon de fuir un présent où plus rien ne l'attendait, mais moins radicalement que sur un navire? Avec encore l'espoir que...

- Ca te plaît de conduire des camions? reprit Pierre.

Cette fois, Jacques le considéra. Leurs yeux se croisèrent. Et dans les siens il y avait une réticence, une peur peut-être même. Soupçonnait-il que, derrière cette question, s'en profilaient de bien plus décisives? Pierre faillit éclater de rire pour soulager leur confrontation. Mais Jacques était trop absorbé pour prêter attention à son expression moqueuse.

- La voyage, j'aime bien. C'est moi qui décide. Mais les autres routiers, pas trop... On parle des trajets qu'on connaît, de l'état des camions, des bonnes et mauvaises étapes. Moi, je suis... Enfin, je ne sais pas... Quelquefois je prends des gens. Ils parlent de leur vie, du hasard des rencontres. Mais...

- Enfin, tu ne sais pas, intervint Pierre.

Et, comme il riait pour retrouver la gaieté entre eux, Jacques concéda: "Non, je ne sais pas comment t'en parler. Les autres rentrent chez eux. Moi..."

A son sourire se mêlait une tristesse.

Pierre était reparti chez sa mère, empli d'un sentiment qu'il ne savait nommer. La présence de Jacques était si contraire à la domination d'un autre! Il avait pris sa place.

Durant le voyage de retour, il ne songea plus qu'à cette immédiate histoire: l'attente commune du métro, la rue qu'ils parcouraient, le café du matin dans la petite cuisine de Jacques. Cet appartement n'était pas chez lui mais devenait accueil, ce train l'éloignait, ce train bientôt le ramènerait.

Il retourna plusieurs fois à Sarcelles. Cet homme qui *ne savait pas*, frémissant de souvenirs évoqués, on l'aurait dit détaché de toute attente. La vie, peut-être, n'était pas ce combat toujours à mener... Mais aussi douceur parfois teintée de tristesse, plaisir à goûter l'autre. Il aurait fallu ne rien brusquer, sous peine de tout détruire.

Pourtant, cette joie l'emportait. Il imagina faire venir Jacques à Boulogne au retour d'un voyage en Hollande. Celui-ci se réjouit à la perspective de revoir Corinne. Mais, à celle de rencontrer sa mère, il se refusa.

- Je vais lui en parler, proposa Pierre.

- Ca ne marchera pas.

Il eut beau prétendre que désormais elle se laissait plus facilement circonscrire, qu'il saurait présenter sa demande... Rien n'y fit. Si bien que, de dépit, il finit par lâcher:

- Tu ne veux pas la revoir, quoi!

Un instant, Jacques resta incrédule devant cette hostilité. Dans ses yeux un profond abattement. Puis, sursaut de l'animal acculé, il répliqua:

- Ce n'est pas ça, Pierre. Tu ne peux pas comprendre.

En d'autres circonstances, il se serait révolté d'une conclusion qu'on finissait toujours par lui assener. Mais il tenait trop à son secret projet: visiter le port de Boulogne avec Jacques. Et Corinne emporta la décision.

- Je préfère que tu n'essaies pas. Elle pourrait tout gâcher.

Ils inventèrent donc une sortie avec des amis, dans une poubelle de la ville jetant joyeusement leur pique-nique, car Jacques avait promis de les régaler au restaurant. Les retrouvailles du père et de la fille furent affectueuses, mais sans que Corinne marque trop d'émotion. Pierre ne manqua pas de s'en étonner.

- Ca fait dix ans que vous ne vous êtes pas vus!

La surprise sur le visage de Jacques. Le père et le fille échangeaient des regards. Et brusquement, celle-ci éclata de rire.

- Mais non, bien moins!

Pierre en resta abasourdi. Sa soeur fit mine de le secourir, gageant bien qu'elle allait encore ajouter à son trouble.

- Quand papa est allé vous voir, toi et Christophe, à Survilliers... maman l'a rencontré. Et ensuite je l'ai revu de temps en temps.

Pierre sentait l'amertume le gagner. Il dévisagea Jacques, mais celui-ci opposa:

- Je croyais que tu étais au courant.

Pierre se retourna vers sa soeur et la foudroya.

- Tu ne m'as rien dit!

- Tu ne m'as rien demandé, répliqua-t-elle. Et sa gaieté lui donna l'audace de rompre pour une fois la gravité de son frère.

- Tu n'as pas besoin de tout savoir, à la fin!

Pierre entendit à peine Jacques qui tempérait sa soeur: "Ca suffit, Corinne, on ne va pas se disputer." Prêt de s'emporter, une évidence le gagnait: le destin des êtres qu'il aimait, parfois s'échappait, alors que son projet croyait les tenir. Mais justement, il était des leurs.

A son tour il éclata de rire.

- On ne se dispute pas.
Et, d'un doigt vengeur en direction de sa soeur:
- Toi, tu ne perds rien pour attendre!
Manière de ne pas le maltraiter encore, Corinne et Jacques insistèrent pour effectuer la visite du port dont il les avait entretenus auparavant. Pierre jouait le détachement:
- Ca n'a pas d'importance. On peut faire autre chose.
- Mais si! On veut te faire plaisir, ironisa Corinne. Tu ne vas pas nous gâcher l'après-midi.
Et, avec une tendresse des yeux pour Jacques:
- Il paraît qu'en matière de bateaux, tu es un guide exceptionnel.
Ils avaient longé le bassin de marée avec ses navires de plaisance et ses *Etaplois*, petits chalutiers de pêche côtière. Puis leurs pas les entraînèrent vers le bassin à flot où venait s'amarrer la flotte des chalutiers de pêche arrière. D'immenses préaux l'isolaient de la ville, clairière secrète, baignée d'un silence irréel en ce dimanche. Sous leurs yeux s'alignaient les passerelles arrondies, bombées comme des torses dans un défi à l'océan, dressant leur radar devant leur cheminée trapue. Enfin, il rejoignirent le bassin de commerce: hangars gigantesques, grues dressées sur leurs ponts roulants, clarks fébriles comme des mouches sur le carreau d'une fenêtre. Allemand, anglais, norvégien, grec, les noms des bateaux s'égrenaient sur leurs proues: *RHENUS*, *GEORG-LUHRS*, *NORNEWS*, *AMARYLLIS*... Remontaient de leurs cales des balles de jute ou de pâte à papier, des palanquées de bois exotiques.
Jacques à ses côtés, Pierre s'abandonnait à la saveur du voyage. Le ciel était parcouru de nuées lentes. Des lames éclataient contre la digue, gerbes pulvérisées, retombantes en grappes sonores, ruisselantes sur le béton. Voyageur immobile, il s'emplissait de l'espace, rêvant d'un lourd cargo qui l'entraînerait dans l'air marin. Accoudé au bastingage, la brise le caresserait et

la mélancolie du soir avec. Il aimait ce port, il aimait cette ville. Né à Sarcelles, c'était ici qu'il prenait racine.

Les week-ends chez Jacques se succédaient, sans autre raison que le plaisir des jours partagés. Le temps semblait s'être arrêté. Ou plutôt - cruelle rémission que cette illusion d'un lien enfin restauré - il s'échappait de ses mains avec la lenteur infinie de l'éternité. L'embellie était-elle si douce qu'il ose porter son défi plus haut encore...

CHAPITRE 9

Comme un maelström! Ce phénomène maritime prend naissance au renversement des marées en certains points de l'océan. Infernal entonnoir, plus ce qu'il saisit a de densité et plus rapidement il le conduit en son néant. La seule extrémité n'est point de s'accrocher à quelque lourde épave, mais de s'abandonner au flux, d'offrir un fardeau léger à la spirale mortelle, avant que ne s'inverse le mouvement, tourbillon qui désormais s'évase jusqu'à redevenir étal.

Cette saison autour de ses seize ans, qui déchirera le voile du bonheur entrevu avec Jacques! Ouvrant son dossier, il a libéré ses démons. A quelle évidence tente-t-il d'échapper, sinon celle qui se terre en lui.

Ce dernier soir de leur amitié, ce repas au restaurant de Barbès... Jacques qui l'entraîne à un facile attendrissement. Et lui qui, jouant de la confiance offerte, l'accule de questions en questions. Jusqu'à ce qu'on lui accorde pour réponse une dérobade plus cruelle que tout aveu.

Retournant à Lumbres, il a cru s'y réfugier. Les grands bâtiments un peu désuets, témoins d'un certain bonheur, lui ont semblé d'abord présence animée d'une bienheureuse compassion.

Mais il s'est bientôt senti prisonnier de ces murs, qui tout autant le renvoyaient à son désespoir. Pour repousser le doute lancinant, il se gave de mots: *inconnu de nos services, dernier domicile connu, connu de père en fils...* Parfois, ses trouvailles lui arrachent un rictus amer. Mais cette drogue sans goût le contient à peine quelque temps. A la remarque d'un adulte, à la question d'un pensionnaire, il s'enfuit dans le parc, y frappant les arbres de ses pieds, cassant des branches, jetant des pierres. Et toujours revient l'odieuse conclusion que Jacques lui a opposée.

La douleur le submerge et il s'échappe. En direction de Lille. La grande ville aux cafés chaleureux et aux trottoirs jamais solitaires, à des lieux de Boulogne et de sa mère, de Sarcelles et de Jacques, de Crépy où reste le souvenir de Grand-Pap et Mamie... Plus loin, fuir, le long des maisons grises, dans la nuit des petits bois ou des jardins publics, hors de son histoire.

Son univers est celui du paquet de biscuits, de l'herbe mouillée et des toilettes de train, des voitures de représentants et des vêtements qui sentent, du macadam et des rails, de la Belgique et d'Amsterdam, de l'Amérique... La peur le tenaille, mais il affronte la route, la pluie, le froid, plus puissant que les événements d'une vie malmenée. Puis une sourde détresse le prend et il se retranche dans une atonie qui estompe les images de sa douleur. Oubliant.

Illusoire répit. Bientôt, de nouveau déchiré par ces visions qui s'entrechoquent, entre la fureur et le désespoir... Celle d'une salle de restaurant mal éclairée. Avec un comptoir recouvert de linoléum et quelques tables le long d'un mur. Cet air mystérieux avec lequel Jacques l'avait invité! Suggérant ainsi qu'il le prenait à témoin d'un secret projet. Depuis que sa mère avait évoqué la possibilité de le revoir, il s'ouvrait au bonheur. "Je suis souvent venu dans ce restaurant avec elle..." disait-il.

Comment échapper à cette évocation, sinon par la fuite du corps. Il suffit que Daniel, un compagnon d'internat, dise: "J'ai un grand frère à Lille... On peut y être ce soir." Pierre acquiesce. Il se sent dans cet état où la volonté se laisse aller.

Ensemble, ils regardent une carte, interface de la géométrie et du rêve. Il comprend maintenant pourquoi la main de Jacques était parcourue d'un tremblement lorsque, tous deux penchés sur une carte marine, il traçait une route oubliée, s'adossant à une courbe de niveau, contournant un haut fond, emporté par un courant favorable. Pierre avait un instant soupçonné l'alcool ou quelque maladie fatale d'être à l'origine de cette fébrilité, alternant entre le mépris et la peur de voir déjà se profiler la disparition de cet homme. Comment n'avait-il deviné la puissance du sentiment que le corps trahit!

Saint-Omer, Lille, la Belgique, Amsterdam, le Canada... Le Canada! Quelle singulière résonance donne-t-il à ce nom pour que toujours il revienne? Une étendue forestière illimitée - rangées de sapins ou clairs bouleaux - caressée par les rayons d'une lumière sans chaleur, d'une absolue pureté. Aux confins de cette terre, Jacques évoquait le passage du Nord-Ouest, incertaine voix maritime à l'extrême de l'univers...

Daniel et Pierre s'échappent après le repas. Une femme les prend à Lumbres. Ils s'engouffrent dans la voiture. Pierre dit: "On a raté le bus." La femme les dépose à l'entrée de Saint-Omer. Ils marchent. Un crachin baigne la ville de pénombre. Ce soir de mai est d'une bienfaisante tiédeur. Les maisons de brique se succèdent, défilement morne auquel Pierre s'accorde.

Une voiture s'arrête. Un homme ouvre la portière.

- Vous allez ou?

- A Lille.

Ils montent, Pierre à côté de l'homme, Daniel derrière. Les phares éclairent la route d'une lueur blafarde. Les essuie-glaces balaient la vitre de leur mouvement monotone. Daniel s'endort. Pierre somnole.

"Pourquoi vous vous êtes séparés, toi et maman?" La pluie, violente, bat le pare-brise, couvrant presque le ronronnement du moteur. Comment a-t-il osé cette question? Il avait eu le sentiment alors de violer leur intimité...

Pierre ouvre les yeux. L'homme est absorbé par sa conduite. Le paysage semble noyé dans un brouillard liquide... "Ce n'était pas facile de vivre ensemble." avait commencé Jacques. Une phrase banale, qui d'abord ne disait rien. Puis la confidence qui s'échappait, que peut-être l'alcool entraînait.

- Je vous déposerai à la sortie d'Hazebrouck.

Le ton de la voix est neutre. Comme si cet homme voulait se prémunir de l'échange... Cette intimité qui, au cours du repas, s'était établie entre Jacques et lui. Et à laquelle ils auraient dû se refuser...

La voiture stoppe. Pierre secoue Daniel:

- Descend.

Ils marchent un peu, puis, épuisés, s'enfoncent dans un petit bois. La pluie a cessé et, par extraordinaire, ce couvert semble épargné. Rapidement, Pierre s'endort. Se réveille, gagné par le froid. Se rendort. Sommeil entrecoupé de somnolences. Au matin humide, la fatigue est sur ses yeux. Il chasse un rêve. Celui qui revient toujours.

Ce maudit rêve où il faut tout recommencer. Il arrive à Crépy: la voiture de la DDASS, le jardinet devant la maison, la forêt en toile de fond. Ce sentiment oppressant de ne pouvoir s'échapper. Dans son rêve, il compte. On l'a placé à l'âge de cinq ans. A partir de huit ans, il commence à compter les années. Celles qui sont achevées, celles qu'il lui reste à accomplir. A dix-huit ans, il partira. Sa vie commencera.

En bordure de son rêve, il continue de compter, afin de s'assurer que ces images ne sont qu'un mauvais rêve. Il imagine qu'à trente ans il en rêvera toujours... Et, dans cet état de demie conscience, lui revient la confidence de Jacques: les scènes avec sa mère, les mots irrémédiables, la haine qu'on ne contrôle plus. L'argent qui manque et, plus encore, il vous brûle les doigts, consommé en mille folies. Une existence traversée de plaisirs rares, de bonheurs incertains, qui ponctuent de loin en loin les jours indistincts.

Insupportable image! Du plus lointain de son être, sa volonté était d'échapper à cette condition douloureuse et médiocre. Qu'il puisse à son tour... Non, il voulait vivre!

Après quelques jours chez le frère de Daniel, dans un appartement qu'ils troublaient de leur ennui, Pierre et son compagnon avaient regagné Lumbres. Quelque temps plus tard, il est reparti. Seul. Les images de son errance sont sans partage.

Il a retrouvé Lille par une chaude soirée de juin. Regards qui se croisent, corps relâchés sur les marches d'une fontaine. Des jeunes fument en rond, se passant une cigarette dans le creux de leurs mains. Sans sollicitation de sa part, sans question de leur côté, ils ont accueilli Pierre parmi eux.

- Tu viens chez moi? lui demande une étudiante, lorsque tous se lèvent pour un rendez-vous qui semble leur être coutumier.

D'une caresse, sa main lui effleure l'épaule. Et il frémit d'un sentiment très doux mêlé de désir. Une pièce au désordre familier, un divan, un large fauteuil d'osier, des coussins disséminés. Une étagère couvre le mur de ses livres et Pierre en déchiffre les titres comme la langue d'un pays secret. Au fond de la chambre, quelques étudiants échangent des propos qu'il imagine messages d'une planète lointaine. L'étudiante s'est assise à ses côtés. Elle pose des questions à son sujet. Pierre évoque un père qui excuse son absence par ses responsabilités professionnelles, une mère dont il fuit les tendresses étouffantes. Son enfance? Il l'élude...

Son enfance! Il se refuse à l'idée que ses premières années aient appartenu à l'univers décrit par Jacques: les dettes, la peur d'être expulsé, sa mère qui refusait d'ouvrir le courrier, son angoisse devant les inconnus croisés dans la cage d'escalier. Elle les exhortait continuellement au silence. Se faire oublier, ne plus bouger, ne plus vivre... L'enchaînement du malheur, d'échecs en lâchetés, de déceptions en rancoeurs. Insupportables raisons à sa douleur d'enfance!

A la jeune femme, Pierre ne veut offrir que les images de sa course: photos de famille dans la cabine d'un camion, visage de l'homme qui conduisait, repas offert, carrefour sous la pluie, café amer d'un bistrot de campagne... Peu à peu leurs échanges s'espacent. Les autres conversations ne sont désormais que des murmures, ressac lointain. Il la regarde derrière les longs cheveux qui retombent clairsemés, laissant deviner la courbe du visage. Puis son regard glisse sur les affiches au-dessus du lit, la commode, le châle sur cette chaise... Respiration lente, corps abandonné. Oublieux de son nom... Il prend la main de l'étudiante. Dans la pénombre, cette plage de lumière sur sa peau caressée. Sur son visage la force du bonheur.

Chez elle, il est resté quelques jours. Puis un matin - le désir s'en était allé - il lui a dit: "Je pars." Une ombre est passée dans son regard, qu'elle a détourné. Façon de ne point obliger le lien. Elle a seulement proposé: "Je voyage aussi. Si tu veux occuper ma chambre pendant les vacances..." Pierre a pris la clé qu'on lui tendait.

Il est revenu quelques semaines en août. Traînantes matinées dans cette chambre dont les livres ont perdu leur magie. Puis déambulations solitaires, que le soleil d'été abrutit. Mais la douceur du soir est telle aux tranquilles terrasses! Ayant commandé une boisson, il suit du regard les démarches flâneuses d'une rue piétonne.

Quelle impulsion le pousse un matin à bousculer l'habitude prise? Quel pouvoir exerce sur lui le fleuve pour le mêler à cette foule qui s'empresse sur une passerelle? A peine comprend-il qu'il se joint à une fête. Puis ne s'inquiète plus autrement de cet embarquement clandestin.

Navigation lente, au fil de canaux oubliés, entre les allées de peupliers. Une jeune fille s'est approchée de lui. Au départ leurs regards s'étaient attachés l'un à l'autre. Maintenant ils échangent quelques phrases, ces mots derrière lesquels on retient l'émotion de l'abord. Les berges herbeuses défilent sous leurs yeux, s'ouvrent parfois en plages secrètes, ocres sombres ourlés de lumière. A quelque distance, une clarinette, soutenue par le rythme étouffé d'un piano, joue des blues.

La péniche accostée, ses passagers ont entamé leur déjeuner dans une prairie bordée d'ombre. Elle l'a entraîné à l'écart, partageant ses provisions. Au beau milieu du repas, sans explication elle s'est levée pour s'enfoncer dans le bois. Et même cette absence lui plaît. Séduction de l'inconnu qu'à peine on caresse.

Là-bas, installés sous les saules, ses compagnons d'un jour composent une scène champêtre dont ne lui parvient qu'une rumeur assourdie. Un corps s'incline, une main frôle une épaule, des bras se tendent puis retombent, la nourriture offerte à la cantonade, les verres se lèvent, éclats de voix entrecoupés de rires.

Et soudain, Pierre est traversé par l'évidence du déjà vécu. Une robe virevolte au soleil. Serrée à la ceinture, envol d'une forme fuyante, corsage découvrant l'arrondi d'épaules nues. Et ce scintillement des cheveux, mordorure entre le blond profond et le châtain clair... Sylvie Taje, le jour de son mariage, dans la lumière d'été! Cela dure très peu, car la conscience de la vision en dissipe aussitôt l'insoutenable densité.

Elle le secoue par l'épaule. Il sursaute, se retourne, la dévisage. Silhouette qui se confond avec celle qu'il vient d'entrevoir. Elle demande: "A qui pensiez-vous?" attendant peut-être qu'il confie: "A vous." Mais comme, en même temps, elle semble effrayée par l'éventualité d'une réponse si directe, il choisit de lui offrir un sourire de connivence. Elle acquiesce.

- Vous avez raison. Les mots provoquent souvent des malentendus.

Puis, tandis qu'ayant rassemblés leurs affaires ils retournent vers la péniche, elle murmure: "Je ne sais même pas votre nom...

Et vous non plus." Comme si c'eut été un bonheur qu'ils aient gardé cette réserve, secret d'eux seuls connu.

Cette réserve que Jacques aurait dû conserver, songe Pierre. Pourtant, lui-même s'était laissé gagner par sa confidence: "Avec simplement mon goût du voyage, disait Jacques. Je ne savais pas parler aux femmes... Et ta mère était si belle. Trop belle pour moi." Il aurait fallu murmurer: "Eh! le marin, continue, encore, encore!" Mais rien ne l'avait détourné de son dessein. Quelle nécessité entraînait ses questions? Jusqu'à la seule véritable, que toutes dissimulaient...

Lorsque, plus tard dans l'après-midi, elle est venue le rejoindre, il la désire déjà et l'imagine cruelle d'indépendance.

Le temps a changé. Tombe une petite pluie.

- Vous ne venez pas à l'intérieur?

- Je n'ai pas froid.

En effet, la chaleur de l'après-midi à peine s'adoucit de cette averse. Un instant, il oublie sa présence. Mais elle reprend, juste un murmure d'abord: "Vous parlez comme mon père." Et puis, brusquement: "Ca fait trois mois qu'il nous a quittées, ma mère et moi."

A cette gravité il ne sait répondre. Pourtant elle continue, frémissante. Evoquant un homme souvent parti, mais qui en prenait plus de présence encore. Lors de ses retours, il l'entourait d'une tendresse si proche de ses sentiments fragiles d'enfance, accordant par bribes les paysages de son voyage, miroitements plus charmeurs qu'un récit auquel rien n'eut manqué. Et puis, toujours là, mais déjà s'échappant.

Confiant ce sentiment d'enfant, qu'au réveil elle éprouve encore: "J'ouvrais les yeux et je savais que, sans rien dire, il m'avait quittée." Puis achevant: "Maintenant, c'est fini."

Pierre imagine les tresses défaites d'une petite fille sur l'oreiller. Se disant qu'il aurait caressé ce front de fièvre. Chassant ainsi l'interrogation d'une autre enfance: "Pourquoi tu n'as pas essayé de me revoir?" Cet instant où il avait rompu avec ses dernières hésitations, devinant pourtant déjà que le drame l'emporterait sur l'espoir. Le récit pitoyable de Jacques sur ce qui avait décidé de son errance, cette impuissance à détourner le malheur...

Sur le débarcadère, Pierre a quitté la jeune fille. Il n'imaginait pas une rencontre qui se prolonge. Le premier, il s'est éloigné.

En septembre, il est retourné à Lumbres. Puis de nouveau a pris la fuite, retrouvant le passage de Cassel.

Maintenant il s'éloigne de la ville. Un après-midi de septembre au ciel chargé. Plus encore que la brûlure de l'été, il en aime le crépuscule. Une ligne de peupliers qui déjà s'effeuille, ces herbes du talus, fanées, retombantes éparses, coiffure embroussaillée. Jusqu'à la terre, attendrie par les premières pluies, mais que celles d'automne n'ont pas encore alourdie. Combien cette douceur de l'air contraste avec la violence qui l'avait emporté contre Jacques! Contre cette réponse qui n'apportait aucun apaisement, triste de lâcheté: "Ta mère ne voulait pas que je te revois. Patrice lui avait imposé ses vues... Et je ne savais pas si j'avais le droit."

A ce seul prénom, Pierre se rétracte. Traversant un carrefour, puis longeant une file de voitures à l'arrêt, il considère leurs passagers. Cet homme et cette femme, visages fatigués. Masques sur leurs pensées. Deux enfants, derrière, partagent leur silence. Une fillette frêle, le regard grand ouvert de l'enfance. Un garçon, plus dur dans ses traits. Déjà la méfiance. Celui-là connaît des secrets adultes qu'il aurait préféré ignorer.

Une autre vision le recouvre. A la marque de la voiture, au luxe sobre de son intérieur, jusqu'à ses mains sur le volant, méticuleusement propres, puissantes, Pierre devine un être de commandement. Et il en ressent l'inaccessible mépris. Lui et ses proches, quelle faiblesse les tient!

Les voitures se succèdent, mais la vision de cet homme le poursuit. Comme une humiliation. Jusqu'à ce que surgisse un autre regard, celui d'un vieillard dans le reflet d'un pare-brise.

Joues creusées, sourcils de soie blanche, visage qu'irradie un sourire. Cet apaisement qui parfois émerge d'une longue course.

Mais lui, cet enfant de Crépy, de Sarcelles, de Survilliers, son voyage ne lui appartenait pas! Déchiré d'escales passagères en embellies fugitives, sans jamais trouver le port où reposer. Face aux pitoyables justifications de Jacques, la révolte le soulevait: "Patrice n'avait aucun droit... Et dans tes lettres, tu aurais pu m'expliquer!" On l'avait laissé au sentiment d'être à l'origine de son abandon!

Pierre longe toujours la file de voitures, mais ne distingue plus leurs passagers. Le visage de Jacques l'obsède. Ses yeux ont perdu leur douce expression, les courbes indolentes sont devenues chairs relâchées, rides lourdes et saillies. Miroir de la haine qui défigure les êtres qu'on aimait!

Il fixe la prochaine intersection, souhaitant maintenant s'éloigner au plus vite. Le carrefour lui est familier: d'un côté la direction de Lille, de l'autre celle de Dunkerque. Il en connaît les rails de sécurité, le relief des terre-pleins, le tracé des cultures. Il s'apprête à traverser. Une voiture stoppe à sa hauteur; la portière du passager s'ouvre. Le bruit du moteur couvre une phrase dont il n'entend que la fin: "... jusqu'à Dunkerque." Il ne songe pas à détromper cette invitation. La voiture démarre. A l'opposé de son but. Une pensée le traverse. Dunkerque, 80 kilomètres de Lille, port français en son extrême nord.

La route rectiligne. Lignes monotones du pays plat. Le chauffeur lui demande son âge. Dix-huit ans, affirme-t-il. Comme si, trop jeune, on l'eut traité en enfant.

Baissant le pare-soleil pour se protéger de la lumière, Pierre aperçoit sur la banquette arrière un cartable empli de copies et d'ouvrages scolaires. Un livre dépasse. Il se retourne pour le saisir: "*Croc-Blanc*! Je l'ai lu." Son compagnon évoque l'auteur: un parcours aventureux, d'interminables voyages, une foisonnante écriture... et la mort à quarante ans. Fulgurance d'une vie, qui séduit l'adolescent. Celui-ci reprend sur le métissage de l'animal, s'insurgeant contre le drame qu'il engage. Ni chien, ni loup, repoussé par les uns et les autres. Son compagnon invoque un destin: n'avoir aucune appartenance. Puis, devant le silence que Pierre lui oppose, il se tait.

Comment soupçonnerait-il que l'itinéraire de l'animal vient croiser l'obsédante vision du face à face entre Patrice et Jacques? L'un qui interdit et l'autre qui se soumet. Quelque allusion de Corinne avait suffi pour que Pierre l'imagine. Et la réponse de Jacques était venue confirmer sa défaite: "Oui, j'aurais pu essayer de te voir... Le courage m'a manqué et je..." Tranchant, il l'avait interrompu: "Tu avais peur de Patrice?" Et Jacques blêmissant: "Peur! Pourquoi j'aurais eu peur?" Repoussant sa chaise, saisissant le bord de la table. Poings tremblants qui se refermaient, tendus dans leur élan pour frapper... Et puis s'affaissant d'un coup sur son siège. Pour enfin prononcer son refus: "Tu ne comprendrais pas... "

Quelle impuissance! Rien ne venait éclairer le chaos d'une enfance. Etait-il à ce point orphelin de désir?

A Dunkerque, Pierre est descendu sur la place de la gare. Ses pas le conduisent vers une brasserie proche. Il commande un café. Quelques personnes achèvent leur repas en silence. Une serveuse, par instants, traverse la salle, ramenant un dessert, l'addition, desservant une table, puis occupée au bar à nettoyer des verres. Est-ce la circulation réduite en cette heure du jour sur la place ensoleillée? L'ombre qui baigne la pièce, enserrée dans ses boiseries teintées? Ou, de ses parcours rapides mais feutrés, des gestes souples avec lesquels elle déplace les objets, du timbre de sa voix, comme murmuré, est-ce elle qui imprègne l'atmosphère de repos?

Pierre la suit du regard. Elle n'a pas cette beauté immédiate qui sidère, mais plutôt la sensualité de l'indépendance. Un visage qu'on découvre dans son expression, dans l'inclinaison qu'elle lui donne pour essuyer une table, caressé par une mèche, dans la façon qu'elle a de s'enquérir: "Que prenez-vous?", s'éclairant alors, le corps droit, retenu, mais sur les lèvres un frémissement, entre l'enjouement et l'insolence.

Peu à peu la salle s'est vidée de ses derniers consommateurs. La serveuse, derrière le bar, range des bouteilles, passe une lavette sur le zinc. La patronne la rejoint. Elles échangent quelques mots. La jeune fille retire son tablier, enfile un gilet de laine. Elle sort. Pierre se lève et la suit.

Quittant le restaurant, Jacques et lui avaient pris le métro, puis le train. Sans un mot. Il devinait Jacques fermé. Sur le macadam mouillé, ils marchaient. Entre le regret d'avoir commis l'irréparable et la nécessité que tout soit accompli...

D'un coup, la jeune fille se retourne et Pierre manque buter contre elle. Surpris par ce brutal face à face, des passants détournent leur trajectoire en les dévisageant au passage.

- Mais qu'est-ce que vous voulez?

Un vertige, ces contractions au ventre, des irradiations dans le dos. Avec la nausée. Une seule réponse lui vient.

- J'ai faim.

Elle hausse les épaules.

- Eh! Je sers au bar. Après, fini!

Et elle se détourne.

Tellement il aurait voulu retrouver avec Jacques leur accord d'autrefois! Mais, plus forts que lui, les mots avaient atteint ses lèvres: "Pourquoi je suis né avant votre mariage?"

Pierre a repris sa marche à quelques mètres d'elle. Elle accélère et peu à peu le distance. De loin, il l'accompagne.

Jamais il n'aurait pu prononcer les mots qui lui martelaient le crâne: "De père inconnu!" Il aurait fallu hurler! Mais, sa supplique, à peine s'il l'avait murmurée, croisant un regard brutal. Et, Jacques jetait d'une voix sèche, réponse banale à en pleurer par ce qu'elle dissimulait: "Il n'y a pas que toi, Pierre." Il l'avait regardé s'éloigner, comprenant qu'il n'aurait pas le courage.

Et, parce que Pierre ne cherche pas à la rejoindre, restant pourtant lié à son itinéraire, la jeune fille s'arrête et l'attend sur le pont qui surplombe l'écluse. Il parvient à son niveau, dépose son sac, s'accoude à la rambarde. Elle caresse le dos courbé et dit:

- Viens chez moi.

Quelque temps, ils marchent. Délaissant les artères commerçantes pour de plus modestes rues, bordées d'entrepôts ou de pavillons sales. Ils parviennent enfin devant un bâtiment de construction récente, en limite de friches industrielles.

Lorsqu'ils se trouvent face à face dans la cage d'ascenseur du Foyer, elle demande:

- Comment tu t'appelles?

- Pierre.

Pierre Mallard, Pierre DDASS, Pierre Detil, Pierre Lumbres. Pierre... Sans nom. A seize ans.

Long couloir, bordé de portes semblables. Elle s'arrête devant un numéro, sort ses clés, ouvre. La pièce est anonyme: un lit, une table, une armoire, un cabinet de toilette cloisonné. Quelques gravures noir et blanc. Elle l'invite à s'asseoir. Et, tandis qu'elle prépare un repas, ne l'interroge plus.

Soupçon toujours revenu qu'il faut briser. A Jacques, il aurait suffi de demander... Mais non, tout est mieux que de savoir. Angoisse du plus lointain de son âge...

- Tu vas où? dit-elle.

- Je ne sais pas.

Elle lui sert son repas puis s'assied sur le lit. La table est adossée au mur et Pierre lui tourne le dos. Il mange, sans parler. Leur accord est dans le silence.

La lettre de Jacques, reçue au Foyer de l'Enfance: "Je voudrais te dire que j'aurais aimé être un vrai papa pour toi..." Mille fois déchirée. Il avait poursuivi une chimère. C'était déjà dit, déjà écrit. Seize années perdues!

Auprès de cette femme qui l'accueille, il pourra reposer sa fatigue. Pour celle-là il ne s'inventera aucune vie parallèle. Elle lui suffit aujourd'hui dans ce désir qu'il sent monter entre eux.

Lorsqu'il a fini son repas, sans pourtant se retourner, il dit: "Merci." Sans pourtant se retourner, car il attend qu'elle le surprenne. Le silence retombe entre eux. Elle se dresse et, d'un pas à peine - cet espace étroit entre la table et le lit - vient se serrer contre son dos, les deux mains entourant le cou, glissant sous sa chemise et caressant la naissance de la poitrine. Il s'abandonne à cette tendresse des corps, les yeux bordés de larmes.

CHAPITRE 10

Ils passèrent l'après-midi dans sa chambre. Pierre parfois s'endormait à ses côtés. Puis, à l'éveil, l'interrogeait sur sa vie. Mais ne répondait pas à ses questions en retour. Le silence entre eux et de nouveau ce singulier échange. Au matin, il était parti.

Il avait retrouvé le cours des jours ordinaires à Lumbres. Entrecoupés d'errances. Fuite désormais sans goût. A Dominique, il confiait encore un itinéraire, une rencontre. Mais ses récits n'avaient plus la fulgurance de l'initiation. Il égrenait d'amères visions.

Un soir autour de Noël pourtant, l'un de ces soirs d'hiver où l'air est si doux qu'on s'y offre comme à un bonheur rare, Pierre s'était prêté à une confidence plus désarmée que d'ordinaire. Dans le parc de l'établissement, il racontait en termes simples sa dernière soirée avec Jacques. Sans haine.

Puis, brusquement, alors que Dominique lui demandait s'il comptait interroger sa mère plus avant, il retourna à l'évocation de ses voyages à venir. Presque délire incantatoire, tant les mêmes obsessions se répétaient sous la grandiloquence des déclarations. Avec une violence qui ne se contenait plus, Dominique l'interrompit subitement.

- Arrête!

Et, comme Pierre cherchait une explication dans son regard:
- Tu ne pourras pas toujours te dérober.

Remarque odieuse! Dominique le soupçonnait donc de lâcheté! Personne ne comprendrait le bonheur de sa course... Comme il avait raison de parfois le harceler en remarques narquoises sur l'étroitesse de ses perspectives! Cet être qui lui était tant, il aurait voulu le piétiner de son mépris. D'un coup il escalada le muret qui bordait le fond du parc. Plusieurs mètres en contrebas, une pente accidentée descendait jusqu'à la route. Sur l'étroite bande de pierre moussue, bombée en son faîte, il oscillait dangereusement.

- Viens me chercher s'il te reste un peu de courage, se moquait-il, saisi par le vertige d'un défi insensé. Son pied dérapa. Il balança vers le vide. Dominique eut un geste pour le retenir. Dérisoire! Il ne pouvait l'atteindre. Et déjà Pierre retrouvait son équilibre. Hurlant de plus belle.

- Tu as peur! Jamais tu n'iras où je vais.

Quelques secondes, la panique avait figé le visage de Dominique. Il allait s'élancer... Premier mouvement qu'il retint d'un sursaut et, ne marchant plus que d'un pas mesuré, il se laissa distancer. Pierre chantonnait sur un ton d'insolence, pourtant modérant son allure afin qu'on le rejoigne. Enfin, il s'immobilisa, haineux:

- Alors! Je t'attends.

Sa voix se voulait cinglante. Elle se brisa. La colère ne le soutenait plus. Il ne ressentait que la solitude désemparée de son enfance. Dominique hésita encore. Un instant, Pierre craignit qu'il se détourne. La nuit dissimulait les traits de l'adulte. A moins que ce ne soit les larmes qui brouillaient son propre regard... Un haussement d'épaule, un sourire sur les lèvres, Dominique s'avança vers lui:

- Eh bien oui, j'ai peur... Viens, on va rentrer.

Pierre le considéra, hésitant encore. Etaient-ce ces mots qui retenaient son défi? Ou cette présence qui l'avait accompagné depuis tant d'année, parfois contraire, parfois impuissante, mais sans mensonge. Ce personnage traversé d'effroi, lui paraissait-il empli d'une telle résolution à son égard pour qu'il renonce!

Le lendemain, Pierre est reparti. Sur son lit, il a laissé une enveloppe au nom de Dominique. Message rapidement griffonné: "Ne t'inquiète pas."

Il a pris la route pour Dunkerque. Et, aux alentours de midi, il pénètre dans la brasserie. Découvrant son absence.

La patronne assure le service. Un instant désemparé, il commande une boisson. Ne songeant même pas à solliciter un renseignement. Il faut préserver le silence qui les a liés. Il paye et sort. Un crachin serré donne à la ville des contours indécis. Pierre cherche le chemin emprunté par la jeune fille pour rejoindre sa chambre. Se laisse guider par d'immédiates sensations, se perd, tente de reconstituer l'itinéraire, s'égare plus encore. Enfin, le hasard le sert, au moment où il désespérait.

Le hall d'entrée du Foyer, l'ascenseur. Il reconnaît la porte à une éraflure sous la poignée, évoquant l'épure d'une mouette quand elle incline son vol. Il frappe, attend, actionne la poignée. Vainement.

Il s'échappe, croisant la sortie des écoles, puis celle des bureaux, et enfin cette activité rapide des soirs d'hiver. Ses pas le conduisent vers le pont qui surplombe l'écluse. Là où il s'est accoudé à la balustrade. Reproduisant son geste, mais s'inclinant plus. Une péniche, cales ouvertes pour un chargement de grève, défile sous son regard. Il se souvient d'une navigation lente au fil de canaux oubliés. Et aussi du fleuve qui bordait le Foyer de l'Enfance, un soir où toute raison perdue... Ce même élément, mouvement de bonheur et son contraire, engloutissement en ses flots indifférents. Ce soir, le cours en est presque immobile, mêlé à la pluie. Un vertige le gagne; sommeil que plus rien ne viendrait troubler. Enjamber la rambarde et lourdement tomber, corps empêtré dans ses vêtements, gagné par le froid. Nager, nager jusqu'à la mer, peu à peu s'épuiser, se laisser submerger, sans même atteindre l'horizon des flots libres, qu'importe, l'évasion est intérieure. Demain les vagues ne rouleront qu'une écorce vide.

Mais, dérisoire, une pensée l'élance. Ne pas l'avoir revue! Une douleur qui dénonce l'illusion du repos auquel il aspire!

Un homme le heurte dans sa marche, sans se détourner. Sous le choc, Pierre vacille. D'un coup il se redresse, prêt à s'élancer, des insultes sur les lèvres. Mots qu'il prononce d'une voix blanche, comme s'ils s'adressaient à un être autrement lointain, qu'aucun reproche ne peut atteindre...

Alors il reprend le chemin du centre ville, mais sans plus s'éloigner du fleuve. Parfois obligé de s'en détacher, mais rejoignant ensuite la perpendiculaire qui l'y ramènera, empruntant d'étroits chemins qui s'interrompent sur un mur ou un grillage, s'appliquant à explorer le plus incertain détour. Scellant ainsi une promesse. Le silence du fleuve répond au silence de sa rencontre avec la jeune fille. A l'un et à l'autre il s'offre. Parcourant le creux de ses reins, la plénitude de ses hanches, effleurant sa peau, limpide et blanche, dessinant la pulpe des lèvres, et dans les yeux ce sourire espiègle mêlé de pluie...

Bientôt les immeubles s'espacent, le cédant à des pavillons en rangs serrés. Leurs jardins, s'achevant au bord du fleuve, laissent au marcheur un escarpement malaisé. Dérapant sur des flaques boueuses, s'accrochant aux arbustes pour les contourner, piétinant des bouquets de joncs, Pierre ne désempare pas. Il goûte l'épreuve avec la violence du plaisir retenu. Ce combat l'épure.

A quelque distance, on distingue une fenêtre ou l'autre, derrière leurs voilages des silhouettes allant et venant... Au cours de l'après-midi dans sa chambre, elle avait parlé de son père. "Il rentrait de son travail tard dans la nuit. Je dormais." Silencieux, il se déshabillait dans la pièce voisine. Aux craquements du plancher, elle s'éveillait et attendait, rejetant la couverture et le draps, mais simulant le sommeil. Il venait dans sa chambre, l'embrassait et la recouvrait. "La petite était encore débordée." disait-il à sa mère... D'une maison montent les pleurs d'un enfant. Un appel: "Marielle, Ludovic, rentrez, vous allez être trempés."... Après son opération, on installait son père au jardin dans un fauteuil d'osier. Quelque temps, elle désherbait les plates-bandes sous son regard. Aucun son ne sortait de sa bouche. D'un clignement des paupières, il désignait parfois un carré de terre oublié ou remerciait d'un sourire des yeux. "J'avais envie de l'embrasser. Mais il aurait pris ça pour de la pitié." ... Un corps se glisse le long d'un mur, des volets se ferment, et la porte à son tour, rai de lumière qui s'efface en arc de cercle... Après, la maison semblait vide. Quelquefois, sa mère quittait la table et disparaissait à l'étage, on écoutait ses pas, les portes qu'elle ouvrait puis refermait. Lasse, elle les rejoignait: "Je l'entends encore."... Une femme sort en courant sous la pluie jusqu'à une réserve et en revient à petits pas pressés, son fardeau de bûches dans les bras. Sous l'auvent lambrissé, une lanterne éclaire une couronne de paille, enrubannée de rouge et bordée de houx... "A Noël, on avait cherché le trépied qu'il utilisait pour dresser le sapin. " En vain. Comme s'il l'avait emporté. Sa dernière plaisanterie. Le sapin avait été abandonné dans la remise...

Paysage nocturne qu'il traverse comme un voleur, son oeil seul en perçoit les détails, l'esprit trop occupé de sa course, effaçant une à une ces images entrevues en marge de l'absence qui l'emplit.

Et l'apaisement vient d'un coup. La pluie elle-même perd de son intensité, le ciel se dégage, lourdes nuées qui se déchirent, offrant des clairières étoilées. La ville est lointaine. Quelques maisons longues et basses, la route qu'on devine à une lueur dansante, ballet fantasque au gré des virages, jeux d'ombres rapides qui s'étendent à l'extrême, se contournent, s'estompent, enfin nappe éblouissante sur l'accotement. Et brusquement l'obscurité retrouvée, laiteuse sous la lune entre les nuages. Légèrement sablonneux, un chemin de halage, bordé de peupliers, a remplacé l'escarpement. Quelque temps, Pierre continue, attaché à la ligne d'eau. Son erre est celle d'un navire tranquille.

Puis il regagne la ville par la route. Retrouve le Foyer, s'allonge devant la chambre de la jeune fille, s'endort d'un coup. S'éveille au matin sur un rêve.

Un rêve qui évoque un homme sur lequel il ne peut mettre de nom. Il en reprend pourtant chaque détail pour le fixer. Se souvenant qu'il obligeait l'homme à monter sur sa propre moto. D'un revolver, il le menace. Une arme qu'il sait appartenir à Jacques. "A chaque fois que j'enfoncerai le revolver dans ton dos, tu accéléreras. Brutalement!" Et l'autre de prétexter: "Mais tu vas tomber..." Il réplique: "Sinon je tire. A toi de choisir." Entre sa propre mort et celle de son fils..! Puis c'était une succession d'images qui se répétaient à un rythme de plus en plus soutenu: montée en puissance de la moto, coup de revolver dans le dos, accélération brutale... Une longue courbe, le bolide s'incline à la limite du déséquilibre. Lui se raidit, agrippe le blouson de l'homme, ses doigts s'enfoncent dans la chair. La moto se redresse. Cent cinquante à l'heure. Cent soixante, cent... Autopont, longue avenue, carrefour dégagé, voiture sur la droite. Qui ne s'arrête pas. La vitesse, la vitesse... à éclater. La haine!

Impuissante! Pierre se redresse d'un coup et traverse le couloir. L'ascenseur, le hall du Foyer, la rue enfin. Il atteint la brasserie, prend un café au bar. Un homme entre, s'installe à ses côtés.

- La p'tiote n'est pas là?

- Elle a pris sa semaine, répond la patronne, occupée à la vaisselle. Ca m'arrange. Y a un creux à cette époque.

- A cause des fêtes? commente Pierre.
- Peut-être, ils n'ont plus d'argent... Ou de bonnes résolutions...

Mais il n'entend pas la réponse, ni le rire qui l'accompagne. Ses mains tremblent. Il les cache dans les poches de son blouson. Un élancement dans la poitrine. Il l'a retrouvée!

Et une envie subite pour consacrer cet instant. Achetant un paquet de cigarettes, il en allume une, tire une bouffée, lentement, une autre. Le vertige du plaisir, à vaciller. Il écrase sa cigarette, termine son café en regardant la salle déserte. Y reconnaissant sa présence.

Il se dirige vers la gare, consulte le tableau d'horaires, emprunte le passage souterrain jusqu'au dernier quai. Petits groupes, voyageurs isolés, attendent le train pour Lille. Une brise d'altitude anime de lourds nuages blancs sur fond d'azur. "J'aime ce pays." se dit-il. Pour relief ses basses maisons, pour profondeur ses canaux, pour verticalité ses arbres dénudés. Horizon brouillé de pluie ou lumière blanche. Aucune cache secrète, on le saisit d'un élan immédiat. Qui l'emporte comme le désir d'elle.

Depuis qu'il l'a rencontrée, le voyage ne lui est plus d'aucune ivresse. Mais si elle partage son itinéraire... Dernière évasion! La plus belle... Debout dans le couloir du train, accoudés à la fenêtre ouverte, leurs cheveux se mêleraient au vent et leurs rires se perdraient au ciel, tandis que, de la main coulée sur sa nuque, il retiendrait son visage contre le sien.

Le contrôleur lui secoue l'épaule.
- Votre billet s'il vous plaît.

Arraché à son étreinte, il se retourne.
- J'en ai pas.
- Je vais vous en faire un. Il faudra payer l'amende en plus.

Avec un sourire de dérision, l'adolescent réplique:
- Pas d'argent non plus.
- Dis donc, mon gars, faut pas te foutre de moi.

Il le détaille. Vêtements salis par sa course nocturne, froissés de sommeil, cheveux en pagaille... Il le toise: "Toi, tu es en fugue!" Et, tandis qu'il rédige un billet:

- Tu as une carte d'identité?

Pierre fouille dans la poche arrière de son pantalon.

- Je te fais un billet jusqu'à Hazebrouck... Là, je te confie au chef de gare. J'espère que quelqu'un répond de toi.

Pierre s'est de nouveau accoudé à la fenêtre. Il imagine que sa compagne doit rire intérieurement de cette sortie. Et aussi de ce qu'on ne la remarque pas.

Le contrôleur tient sa carte d'identité en l'air comme une menace.

- Si tu veux la récupérer... Tu n'iras pas loin sans papiers et sans argent. A toi de choisir, conclut-il, l'abandonnant.

"A moi de choisir..." murmure Pierre. La soumission, la fin du voyage, contre une identité d'emprunt? Une identité dont il a rejeté l'apaisement trompeur! Qu'il aille au diable ce messager sans tendresse! Il croit le contraindre, il le libère plus définitivement. Lorsque le train pénètre en gare d'Hazebrouck, Pierre saute sur le quai avant l'arrêt complet et s'échappe.

Ensuite, il ne sait plus quelles voitures les ont pris ni les visages de leurs conducteurs. Il se souvient lui avoir désigné le carrefour qui le détourna vers Dunkerque. Elle a sans doute pensé: "A quoi tient notre rencontre!" A la dernière voiture, il s'est assis sur la banquette arrière pour ne pas la laisser seule une fois encore. S'excusant auprès du chauffeur: "J'ai peur devant." Elle n'a pas osé se moquer, mais doit songer: "C'est malin, quand on veut aller si loin."

A l'arrivée sur Lille, il a différé la poursuite du voyage. Pressent-il qu'elle ne partage pas encore l'infini de son rêve? Il l'a invitée à parcourir les allées de la Citadelle. Du haut des bastions, il suit sa progression, tantôt la perdant de vue, tantôt la surprenant au retour d'une contrescarpe. Parfois, il s'approche à l'extrême bord du rempart, prenant prétexte de la rechercher, considérant cet abîme qui s'ouvre devant lui, comme le canal du haut de l'écluse. Mais désormais, à l'attraction du vide, se mêle une répulsion. Les jambes raides, il sent le haut de son corps lentement happé. Alors, il ferme les yeux et se retourne. Une main a-t-elle frôlé son épaule? Non, elle n'est pas ici. En contrebas plutôt, silhouette qui hésite sur la direction à prendre. Il court la retrouver.

Sur un banc, il s'allonge en chien de fusil. La tête reposant sur ses genoux, lentement elle en caresse les cheveux et lui - mais elle est déjà coutumière de ces retraits - s'endort. Lorsqu'il se réveille, elle l'a quitté. Le soir tombe et peut-être s'éloigne aussi cet accord si rare...

Ses pas le conduisent vers la grande place de Lille et il en longe les cafés pour la retrouver. Dans une brasserie, la devinant à une silhouette qui s'efface vers le fond de la pièce. Il s'installe dans une alcôve cerclée d'une banquette en moleskine. Une glace lui fait face et il y voit le jeu d'autres glaces, visages entremêlés, visages d'autres femmes, n'y distinguant plus le sien. Et, pour la retenir, il imagine que ses paysages intérieurs... Qu'elle s'y laisse conduire comme en un jardin secret!

La Belgique, d'abord, puis le nord de l'Allemagne, se détournant d'Amsterdam. Elle s'en défie. Il a trop parlé du Canada... Enfin, le triangle Düsseldorf-Dortmund-Duisburg. Ses autoroutes entremêlées. Une Mercédès s'arrête à leur hauteur. Intérieur capitonné, tableau de bord en bois foncé, on devine un homme d'affaire. Tout en conduisant, il extraie de la boîte à gant une carte d'Allemagne. Pierre désigne Hambourg, lui, pointe une ville proche de Dortmund, puis de nouveau s'absorbe dans sa conduite... Soudain, il bifurque vers une aire de repos et s'arrête à la hauteur d'une automobile immatriculée à Hambourg. Il engage la conversation avec le chauffeur de cette dernière, concluant d'un billet qu'il lui glisse dans la main. Enfin, désignant la voiture: "Hamburg", il les quitte d'une simple salutation.

C'est ça le voyage! Des événements auxquels on s'abandonne. On peut tout imaginer. Un homme qui, pour racheter une faute secrète, force le cours des choses... Ou sa femme vient de le quitter et il cherche l'amour dans tes yeux, dans les miens... Un geste simple, mais toujours de la grandeur ou de la tendresse.

Et puis le car-ferry vers le Danemark. Au plus, deux heures de traversée, mais un bateau, la nuit, à peine tu y mets le pied et déjà tu es en plein océan. Même les manoeuvres d'appareillage ont la magie des escales d'Extrême-Orient. Et bientôt un autre pays. Une route qui prend naissance au bord de la terre...

Mais il la devine qui s'échappe. Son silence n'est pas celui de la première fois, dans sa chambre, lorsque ses mains glissaient sur sa poitrine, lorsqu'elle enserrait son visage de ses bras tendus. Son désir ne se projette pas en des terres inconnues, il s'imprime sur l'immédiat espace de l'être aimé.

Et lui élance sa fuite... Il n'est jamais arrivé. Sur une plage de Suède, il est déjà ce tracé tendu vers la taïga norvégienne et son soleil de minuit. Directions entremêlées, ce dessin en un point de la carte, qu'il faut atteindre, avant de...

Il la sent qui s'éloigne. Mais n'est-ce pas lui qui se détache, se retournant pour la voir encore... Attends-moi, je reviens! Il me faut...

* *

*

Brutalement, la vie tranche nos indécidables, le conduisant jusqu'à lui! Cet être qu'il ne peut encore nommer. Mais d'abord, brisant ce miroir d'une fuite toujours plus lointaine. Eclair de haine avant de consentir enfin.

"*Risquons-tout*"! Ce nom éclate comme un défi sur la carte, entre Tourcoing et la frontière. C'est là que les douaniers ont arrêté Pierre, tandis qu'il se glissait dans un groupe de touristes regagnant leur car. Quelques heures, il a attendu au commissariat, avec pour seule vision les uniformes qui le contournaient, pour seule présence les phrases hachées de l'appareil de transmission. Il sombrait en des images désespérées.

Dominique était venu le chercher. Dans la voiture, questions troublées: "Tu ne pensais tout de même pas partir à l'étranger?" perplexité qui s'exaspère: "Qu'est-ce que tu veux à la fin? Je ne sais plus ce qu'il faut faire." Pierre gardait un mutisme hostile. Une fureur le gagnait, puissance dont il s'emplissait. Dominique était pourtant le seul qui ne l'avait pas trahi! Mais il le couvrait de sa haine. Terrifiant sentiment qui montait en vagues lentes.

Arrivés, ils s'installèrent devant le repas froid qu'on leur avait préparé. Etait-ce la présence trop proche de Dominique à ses côtés? Le manège des infinis traits de couleur reprenait sa course avec une violence encore jamais ressentie. Formes qui se contorsionnaient, s'enflaient à l'infini, se pulvérisaient en évanescences. Quel visage dessinait leur danse grotesque? Il n'en pouvait plus de cette souffrance qui ne se heurtait qu'à des objets en leur place familière, des murs tranquilles et sages. Dominique l'accueillait comme un père indulgent, attaché à son enfant. Jusqu'où soutiendrait-il cette mascarade? Il aurait préféré des cris, des coups, une violence qui l'aurait plongé dans un désespoir sans retour. Là où la souffrance est tellement entière qu'on peut s'y anéantir.

Les objets vacillaient devant ses yeux, sa tête bourdonnait, les tempes tendues à éclater. Brusquement, il se dressa et, incontrôlable, son poing fusa en direction de Dominique, le frappant comme une masse. Avec une force tant contenue, d'une si lointaine origine, porté par une telle douleur!

Projeté en arrière, titubant, Dominique resta un moment abasourdi, puis ses mains se refermèrent, tandis que son bras s'élançait pour frapper à son tour. Cogne, Dominique, cogne! Assomme-moi de tes coups. Ma haine s'étend bien au delà de toi. Elle s'adresse à la vie. A ceux qui accompagnèrent mon itinéraire et n'ont su me préserver de la déchirure. A celui qui...

Dominique le considérait. Retenant son geste, puis l'abandonnant. Devinant... Et Pierre s'était senti gagné par un étonnant sentiment. Comme si son acte, qui jamais n'aurait de retour, l'ouvrait à une évidence enfin acceptée.

CHAPITRE 11

Avait-il sollicité Corinne ou l'entretenait-elle comme parfois en ses retours à l'appartement?

- Un samedi où tu étais à Lumbres, Patrice est venu chercher Sylvie. Maman lui a servi le café dans la salle à manger. Il avait Sylvie dans les bras et disait: "Les filles, c'est mieux... mieux que les garçons. Les garçons ne sont jamais comme on voudrait." Il répétait toujours ces phrases... Maman est entrée. Sans la regarder, il a glissé: "Sauf quand ça devient des femmes. Elles font des bêtises alors..."

Pierre écoutait Corinne, avec le sentiment que lui seul pouvait comprendre ce récit qui s'interrogeait. Et, d'un coup, la douleur avait éclaté: "Les filles c'est mieux... mieux que les garçons." Comme si Patrice, à la place de Sylvie, en avait attendu un autre ... Et s'était résigné parce que celui-ci n'avait su combler son espoir. Les images se bousculaient: d'abord celle de la fille de Grand-Pap et Mamie, robe virevoltante dans l'élan d'un corps, puis celle de Sylvie Detil, les sentiments qu'on ne devait exprimer. Mais pourquoi ce prénom répété? A cause de Sylvie Lemaire? Les filles c'est mieux que les garçons, hein, Sylvie! Ce soupçon qu'il avait repoussé de sa course. Ces souvenirs qui remontaient, opaques, parcellaires. Traits de couleurs. Encore! Caractères tournoyants et sans mesure. Toujours eux!

Et, brusquement, la peur l'abandonna. Il ne voulait plus se dérober. Debout sur ses jambes tendues, face à ses démons. Les saisir, les forcer, les broyer, de ses poings serrés à hurler!

Mais les mots s'échappaient, tourbillonnant dans son crâne, sans qu'il parvienne à émettre le moindre son.

Le samedi suivant, Patrice était venu prendre Sylvie pour le week-end. Pierre arrivait de Lumbres. Instant gravé en lui. Un prénom, trois fois renouvelé, ponctuait son destin!

Tu es assis dans le canapé, Patrice. Ta fille a fini de s'habiller et tu l'attires à toi. Je me tiens debout, derrière la table. Tu te sens observé, lèves les yeux et croises les miens. A celui qui baissera le regard. Des images passent à toute vitesse, puis soudain défilent plus lentement. Les visages des Sylvie s'amplifient et rapetissent sans mesure. Et d'un coup, malgré ton regard, plus puissantes que toi, les images s'arrêtent, deviennent étonnement distinctes. Ce dimanche où ma mère m'a hurlé la vérité: "C'est ton père, ton père!" Et moi qui refusais de comprendre: "Je ne veux pas... Pas lui!", imaginant qu'elle essayait de m'imposer l'autorité d'un beau-père. Sans entendre la violence désespérée de son appel.

Et ce prénom que tu as donné à ta fille: Sylvie - S'il vit. Oui, s'il vivait cet enfant dont tu ne voulais pas. Mais il vit!

La scène au Foyer de l'Enfance. Je demande quand je vais rentrer à la maison. Tu commences une phrase: "Moi, je veux que mon ...", te troublant aussitôt et refermant ton secret.

Fils interdit! Secret enfoui dans le mariage de Jacques Mallard et d'Yvette Boron. *Père inconnu*, Pierre inconnu.

Tu détournes le regard et te lèves, rapide, irrité. J'abandonne la pièce et m'enferme dans la chambre de Corinne. Pierre Lemaire.

Il aurait dû haïr sa mère! Mais il ne parvenait à concevoir qu'il ait été le fruit d'un hasard contraire. Abandonné, trompé, malmené de faux semblants en vaines promesses, repoussé dans ses questions, interdit de nom... Et pourtant, repris à la maison, porté par un désir maladroit. Tout aurait dû le conduire à douter d'elle et tout éclairait l'évidence. Des allusions de Corinne, des pointes de jalousie, incompréhensibles pour lui qui, si longuement, fut privé de la présence d'une mère. Les réticences de Jacques à évoquer le temps de Sarcelles, comme s'il s'y sentait de trop. Et même le cruel sous-entendu de Patrice: "Elles font des bêtises alors..." Sa place s'inscrivait dans le creux de ces refus. Lui qui pensait n'exister d'aucun lien, se découvrait au centre d'un destin familial!

- Je vais aller voir Patrice.

A cette annonce, elle ne sembla pas vraiment surprise. A peine un soupir résigné et déjà le soulagement sur son visage. Elle avait voulu le contenir, le protéger peut-être. Dissimuler sa faute sûrement. Maintenant elle acceptait tout. Même sa honte. Fragile et incertain personnage. Comment était-elle parvenue à l'attacher à ce point?

- Tu sais ce que tu fais, Pierre.

Et ce commentaire: "Patrice n'a jamais accepté." Ultime prévention. Brutale de lucidité. Mais, pour la première fois, elle blessait son fils sans lui mentir.

Corinne les considérait en silence. Qu'avait-elle voulu lui épargner? Déjà Pierre allait chercher son manteau pour sortir. Dans l'entrée, elle se glissa à ses côtés: "Tu es toujours mon frère." s'effaçant avec pudeur. Il poussa la porte de l'appartement et s'engagea dans l'escalier. En ce temps de déchirure, qu'elle était douce cette réassurance!

Quelques jours encore pour assurer sa décision. Enfin, il annonça son dessein à Dominique. Obligation qu'il s'était fixée, au-delà il ne saurait se rétracter. L'éducateur reçut sa confidence, approuva, dissimulant mal un frémissement du visage. Le soir même Pierre trouvait un papier sur son lit: "Bonne chance. Je ne m'inquiète pas." Allusion à un précédent message. Un passé déjà si lointain...

Pierre proposa d'accompagner Sylvie jusqu'à Sarcelles lorsqu'elle devait passer le week-end chez son père. Ainsi, le voyage, qu'il voulait auparavant porté par l'incertain, devenait ce rituel d'une gare à l'autre, en compagnie d'un être qu'il connaissait à peine.

Parfois, au retour, il songeait à poursuivre jusqu'à Dunkerque. Il aurait suffi de ne pas descendre du train à Boulogne, de fermer les yeux pour se laisser conduire jusqu'à elle. S'abandonner à ce désir qui, de se contenir, l'emportait en l'extrême pointe de ses sentiments, entre l'élancement de la passion et l'indicible tendresse... Mais leur rencontre aurait été troublée d'amertume irrésolue. Il fallait d'abord réduire ce doute infime - cet *on ne sait jamais* - qui en chaque voyage appelait de douloureuses visions. Dans un appartement de Sarcelles, qu'il ne connaissait pas...

Ton appartement, Patrice. Tu serais assis sur une chaise, détachée des autres meubles. Comme dans ces films où, pour interroger un prisonnier, on établit autour de lui un cercle de solitude. Derrière toi, le mur est nu. Un abat-jour en verre dépose une lumière blafarde. Je suis enfoncé dans un canapé de Skaï noir, revolver posé à mon côté.

Tu demandes: "Pourquoi le revolver?" Je prends l'arme, la soupèse, la retourne dans la paume. C'est le revolver de Jacques. Tu sais, Jacques MALLARD. Comme Pierre MALLARD... Celui qui endosse tes actes. Ah! il n'a pas ta carrure. Ni ton autorité. Mais enfin, il essaye d'être là. Sans courage souvent... Le revolver, ça dépend de tes réponses. Si elles me conviennent, tu auras la vie sauve... et peut-être plus. Sinon...

D'un geste définitif, je fais glisser ma main sur le Skaï. Tu t'énerves: "Qu'est-ce que tu veux à la fin? Qu'est-ce que je te dois?" Tout! Patrice, tu me dois tout. Mon faux nom, mes placements, l'absence de ma mère, mes lits d'internat. Tu sais ce que c'est un lit d'internat? Non, bien sûr. Tu n'as jamais accompagné mes nuits... Mais dix-sept années de mensonge, Patrice!

- C'est ta mère qui l'a voulu.

Lamentable! Pourtant c'est vrai que je suis là à cause d'elle. Tu n'as rien pu empêcher. Souviens-toi de ses accès de colère lorsque tu me comparais à Jacques. Pour me défendre, sa violence aurait dépassé la tienne.

- C'est de sa faute.

Tu n'as pas changé. La même dérobade qu'il y neuf ans: "C'est de ta faute. Je te l'avais dit." Tu aurais tout de même pu faire semblant d'être un beau-père convenable. Tu aurais pu accueillir l'enfant de ta femme. Oui, l'enfant de ta femme, si ce n'était...

- L'assistante sociale disait que tu volais, que tu mentais.

C'est toi qui mentais, toi qui me volais l'enfance. Tu pensais à qui? A toi, toujours à toi! Pour le coup, tu ressembles à Jacques. Vous, toujours vous, l'un comme l'autre!

- Mais...

- Et maintenant, quand j'accompagne ta fille, tu ne m'invites même pas chez toi. J'ai l'âge de comprendre pourtant. Mais je ne suis pas assez intelligent peut-être, pas assez beau, pas assez fort, pas assez fort...

Ca résonne dans son crâne. Effondré, vaincu par l'irrémédiable indifférence de cet homme. Les champs froids de l'hiver, ces arbres nus, ces maisons isolées, l'herbe sale, sans espoir... Les roues du train grondent sur la voie, s'enflent au passage du viaduc. Bourdonnement qui s'éloigne peu à peu dans une sourde résonance.

Alors, au souvenir d'une passion... Et de la tendresse qui l'animait, la tendresse d'un vieil homme. Au souvenir de sa dernière insolence: l'image d'un noyer... Pierre ressent une poignante indulgence pour Patrice, qui sûrement expliquera son silence. Là-bas, au delà des arbres nus, dans la chaleur d'une maison qu'on distingue au coeur de ce paysage sans vie, roulant vers Sarcelles, s'enivrant d'espoir...

Je t'ai fait, Patrice, *le coup du père Mallard.* Excuse-moi cette ironie... Me souvenant d'un autre alcool, qui a entraîné la confidence de Jacques, je t'ai offert une bouteille de whisky. Tu sors les verres. Et nous voilà qui trinquons.

Il me faut t'apprendre mon itinéraire, te dis-je alors. Connais-tu ces bandeaux cartonnés qu'on trouve sur le mur de certaines classes? Ils symbolisent le déroulement de l'histoire. Imagine un trait segmenté en tronçons de couleurs différentes, qui suggère des périodes clairement distinctes les unes des autres. Mon enfance, c'est pareil. La première séquence, par exemple, couvre mes cinq premières années. Elle bute sur une date précise, à partir de laquelle tu imagines un trait de couleur différente: *Placement à Crépy, chez monsieur et...*

- La vie ne se découpe pas comme ça.

La mienne, si. Crépy, le Foyer, les Detil, Lumbres... Certains matins je me suis réveillé avec le sentiment que le tracé de ma vie s'interrompait sur une date particulière. Sans transition, j'abordais une nouvelle période, que rien ne liait à la précédente.

- Ce n'est pas de ma faute, c'est ta....

- Tu l'as déjà dit, Patrice.
- ..?
- Mais si, dans un de mes rêves. Ah! C'est vrai, tu ne connais pas non plus mes rêves... Au lieu de faire cette tête, verse-moi un coup de whisky. Je te raconterai ça tout à l'heure... D'ailleurs, tu n'es jamais au courant. C'est extraordinaire ce refus de ce qui se passe en dehors de toi. Souviens-toi, Jacques qui venait voir ma mère dans votre appartement. Moi, je n'étais pas là, mais... Jacques te regarde et tu le regardes et le plus fragile des deux finit par céder. Tu as réussi à le convaincre qu'il n'avait aucun droit. Moi aussi je t'ai regardé. Et j'ai baissé les yeux. Jusqu'au jour où j'ai compris, il y a quelques semaines...

Et de nouveau, Patrice, je te servirai à boire. Piège trop évident? Je ne te laisserai pas le loisir du soupçon. Le succès de l'entreprise dépend de l'assurance qu'on y met. A coups de whisky, je vais te forcer le coeur. Peut-être, alors, tu ne prétexteras plus l'inconséquence de ma mère ou la faiblesse de Jacques. Tu me parleras de ton indépendance qui ne veut se lier. De ce désir qui s'épuise, de ce retour en ta solitude. Puis tu diras des choses insensées, qui me brûleront d'amour. Par exemple: j'attends trop de mon fils. Je le veux à mon image. Mais, qu'il me séduise de ses passions, m'entraîne en ses paysages, me bouscule dans mes impossibles... Alors...

Alors, Patrice, emportés, toi et moi, par une flamboyante émotion... Alors, tout deviendrait possible, plus loin que ton refus en mon origine, plus loin que l'indifférence de toutes ces années et ce silence imposé... Plus loin, Patrice!

Le coeur peut tout imaginer, grandiose, cynique, poignant. La vie, plus souvent, offre d'ordinaires déceptions. Patrice devrait être intrigué par sa démarche, confondu même. Quelle autre raison pourrait le pousser à entreprendre ces voyages vers Sarcelles?

Mais il lui réserve une politesse embarrassée, avare de ses mots. Morne application, Pierre répète son voyage. Cette lassitude qui se traîne pour réduire la dernière illusion.

Enfin, dans le hall de la gare, demande à peine murmurée: "Je peux manger chez toi?" Patrice retient mal un sursaut, mais l'invite à le suivre. Le repas est rapide, traversé de silences autour de banalités sur l'avenir de Christophe, les études de Corinne, la santé de leur mère. Rien le concernant.

Ils boivent un café. Puis Patrice ramasse les tasses, les dépose à la cuisine et vient se placer à son opposé, debout, la main sur le dossier d'une chaise. Pierre s'est levé, enfilant son blouson, fouillant dans ses poches pour se donner une contenance. Relevant la tête, longuement il le regarde. Une fois encore, il pense à Jacques, venu prendre des nouvelles de ses enfants. Jacques qui sollicite l'autorisation de voir celui qui n'est pas son fils. Patrice est là, muet, dominateur. Le mépris du vainqueur, la soumission de l'intrus. La défaite de Jacques.

A l'instant, il se sent terriblement proche de cet homme. Cette humiliation est la sienne et il jette son défi.

- Tu n'as rien à me dire?

- Non... non.

Dans sa gêne il y a même de la surprise.

- Pierre Lemaire, ça signifie quelque chose pour toi?

Patrice a baissé la tête, considérant le dossier de la chaise.

- Je pense n'avoir rien à t'apprendre.

Il lui a fallu dix-sept années pour savoir! Et, tout ce temps, cet homme s'est arrangé avec l'idée que la vérité avait dû transparaître! Enfant, il l'a regardé vivre, seulement préoccupé de lui-même. Adolescent, il a croisé sa distance hostile, puis l'inquiétude qui le tendait vers Jacques, et il n'a rien tenté qui pût le détourner de cette farce cruelle.

- Tu... tu ne réponds pas... Tu n'as pas envie de...

- C'est de l'histoire ancienne. Tu fais ta vie, j'ai la mienne.

Une si longue attente pour que l'espoir s'achève sans émotion! Il regarde une dernière fois Patrice, qui relève la tête et maintenant le fixe. Ses yeux s'embuent de larmes. Il ne veut pas pleurer devant lui. Et précipitamment s'échappe.

Dans les toilettes du train, accroupi sur le lino froid et humide, la tête cachée dans ses bras liés, sans plus se retenir, il sanglote.

Plusieurs jours encore. Quelque chose comme respecter un délai. Ce temps du deuil.

Puis il s'est décidé. A la pensée du geste qu'il allait accomplir, frémissant d'émotion. Celle d'avoir trop imaginé cet instant. La peur qu'elle ne... Chez sa mère, il consulte l'annuaire et sort à la recherche d'une cabine téléphonique. Nécessité d'un lieu anonyme, exclusif de tout lien.

Une voix féminine a répondu.

- La Brasserie de la Gare.

On reconnaît une voix familière entre toutes. Mais il ne l'a jamais entendue sur ce mode. Et la douceur et la clarté du timbre le sidèrent. Doutant qu'il s'agisse d'elle, mais ne s'étant préparé à aucune autre éventualité.

- C'est Pierre...

- ...

- Pierre Mallard.

Un tel silence! Qu'il va s'excuser de son erreur. Mais il entend son prénom répété. Murmure ou exclamation étouffée.

- Tu te souviens de moi?

De nouveau le silence. Comme si elle-même hésitait à se lancer. Puis, d'une voix amusée:

- Pierre, je me souviens. Mallard, je ne connais pas encore.

Et lui de retourner la plaisanterie.
- Eh bien, c'est le même.
Ils échangent quelques propos ordinaires. Mais ce n'est pas ce premier temps un peu contraint des retrouvailles. Plutôt des allusions pour s'assurer que le souvenir ne les a pas trompés.
Enfin, Pierre ne doute plus. Il dit:
- Je viens.
Elle ne demande pas quand. Le silence encore entre eux. Puis:
- Je t'attends.

MISE EN PAGES FOURNIE

Achevé d'imprimer par Corlet, Imprimeur, S.A. - 14110 Condé-sur-Noireau (France)
N° d'Imprimeur : 22173 - Précédent dépôt : mai 1996 - Dépôt légal : février 1997 - *Imprimé en C.E.E.*